行政組織をアップデートしよう

時代にあった政策を届けるために

編著

吉田 泰己

Hiroki Yoshida

ぎょうせい

はじめに

　2024年現在、国・地方いずれでも辞職する行政職員が増加し、採用などでも苦戦する状況が続いている。今後も人口が減少していくなかで、現在と同等、もしくはより高い水準の政策や行政サービスを提供するためには、行政組織のあり方自体を根本的に変えなければいけないという危機感がある。

　行政におけるデジタル技術の活用はこうした人材減少を支える1つの手段ではあるものの、利用者が使いやすいサービスや、内部の行政事務の効率化を実現するシステムの構築には専門的な知見が必要となる。一方で、現状の行政組織の多くはこれを活用する十分な能力を内部に保有していないため、効果的な取り組みが難しい。経済危機、震災、パンデミックといった大規模な社会的ショックも増加するなかで、セーフティネットの役割を果たすのが公共サービスである。行政組織が人口減少下にテクノロジーの発展に合わせてこれを効果的に活用できる能力を持たなければ、公共サービスは陳腐化していく。突発的な社会ショックにおいても公共サービスが対応できないといった事態にも陥りかねない。政策やサービスの質を維持、改善し、利用者に寄り添ったものとして継続的に提供するには、行政の組織文化や職員の意識転換、専門スキルを持った人材の投入など、これまでの行政組織の経営自体を見直さなければならないのではないか。

　企業であれば、市場競争力を高めるために組織経営を見直すことがパフォーマンスを維持するために求められ、そうした変革ができなければ淘汰されてしまう。一方で、こうした危機感の欠如が現在の行政組織の危機的状況を招いたと考える。行政でも過去には「行政改革」という旗のもとに、行政組織の見直しを図ろうとしてきた歴史があるが、組織の「形」は変わっても、組織の「経営」自体は大きく変わってこなかった

のではないかというのが私の認識である。

　本書は、行政組織の経営システムを見直すことで、組織のパフォーマンスを高め、そこで働く職員が自己のキャリア実現とともに能力を発揮し、よりよい社会へつなげることができるのではないかという提言である。経営システムの骨格をなすのは組織文化、人事管理、デジタル投資である。これらについてどういった変革が必要なのか著述する。加えて、経営システム改革を実現するためにどのようにして行動変容を促すのか、デジタル技術を前提としたときに、国・自治体でどのような役割分担を図っていくことが国民にとってよりよい行政サービスを受けることにつながるのかも著述する。

　本書で提言する行政経営システム改革はまだ実現されていないが、その萌芽となる姿が、デジタル庁や東京都にあると考える。経営改革は現在行政組織でマネジメントを担う側だけの問題ではない。職員一人ひとりが、組織が自分に何をしてくれるかではなく、自分が組織に対して何ができるのかを考えていくことが重要であり、そうしたきっかけに本書がなることを期待している。加えて、これから、行政組織という大きくアップデートを必要とする組織に飛び込もうという民間組織にいる方々などにもぜひ読んでいただきたい。

　本書の主張については賛否あると思うが、行政経営システムの見直しは、日本という国のアップデートにつながるという認識が共有され、そうした議論が活性化することを期待している。

　　2024年7月

　　　　　　　　　　　　　　　　　　　　　　　　　古田　泰己

CONTENTS

はじめに

PROLOGUE
行政組織の経営についてもう一度考える

デジタル庁という新しい行政組織からの気づき —— 012

未来を考えるには、
過去から現在の連続性を把握する必要がある —— 014

なぜ行政組織の経営システム改革が重要なのか —— 015

戦後の官僚制と行政経営 —— 016

新たな行政経営システムとは —— 018

CHAPTER 1
行政組織の直面する経営課題

外部環境変化による課題 —— 022

内部環境変化による課題 —— 026

CHAPTER 2
これまで用いられてきた行政の経営システム

明治から戦後の行政経営システム（行政経営1.0） —— 036

行政改革による経営システム見直し（行政経営2.0） —— 041

CHAPTER 3
成果を上げる
新しい行政経営システムを考える

組織の形でなく、経営の仕組みを見直す —— 052

組織は目的を達成するための仕組みであり、官も民もない —— 053

よい組織でなければ、よいサービスは提供できない —— 054

行政組織のパフォーマンス改善手法とその課題 —— 056

組織の目的が適切に位置づけられ、
それに合わせて事業が評価されているか —— 058

資源が組織能力を最大化するよう
適切に配分されているか —— 059

継続的に組織パフォーマンスが発揮される
人材採用と人材育成がなされているか —— 060

組織経営システムのモデルチェンジ —— 061

CHAPTER 4
行政におけるジョブ型人事戦略

行政組織への外部エキスパートの採用 —— 064

既存の行政官の役割をジョブ型に見直す —— 069

行政組織の人事ローテーション —— 078

職員の実現したいキャリアに向き合う —— 079

組織の経営人材を育成するためのファストトラック制度 —— 082

人事制度改革は行政経営改革の大きなポイント —— 083

CHAPTER 5
行政のアップデートを促す組織文化

組織文化はパフォーマンスを規定する —— 086

忖度をやめ、実務にフォーカスできる組織 —— 087

失敗から学び、次につなげる —— 088

変化を起こすために組織文化の浸透圧を高める —— 090

組織人材循環論 —— 092

人材循環をコントロールし組織パフォーマンスを最大化する —— 093

組織の人材循環をデザインする —— 095

人材循環の行政組織への含意 —— 096

CHAPTER 6
行政におけるデジタル投資の意義

投資によって組織の生産性を高める —— 100

ソフトウエアの活用を通じた業務効率化・自動化 —— 101

行政サービスのデジタル化を通じたユーザーの価値向上 —— 102

データの利活用を通じた政策・サービスの付加価値向上 —— 103

生成系AIの活用・新技術の扱いに関する考え方 —— 106

デジタル化推進チームを置き、
組織のデジタルリテラシー底上げを —— 109

CHAPTER 7
共創モデルによる政策形成と実施

「政策」と呼ばれているものの解像度を上げる —— 112

審議会では捉えられない政策課題 —— 114

デザインアプローチを通じたステークホルダーとの共創 —— 115

事業を外部委託してきた民間事業者との関係性 —— 117

多様化する官民連携のあり方 —— 118

CHAPTER 8
新しい行政経営システムへの
行動変容を促す

これまで行政組織の経営システムに変化が起きなかった理由 —— 122

どのように職員の抵抗を和らげ、実現に向かわせるか —— 123

行政経営システム改革は組織的な行動変容である —— 125

CHAPTER 9
デジタル時代における国と地方の役割

デジタル化によって変わった行政サービスの考え方 —— 128

デジタルのメリットはスケーラビリティにある —— 128

国はデジタル公共インフラ
（Digital Public Infrastructure）を提供する —— 130

国・広域自治体・基礎自治体の
デジタルサービス提供での役割を見直す —— 131

CHAPTER 10
行政経営システム改革のヒントとしての
デジタル庁（浅沼尚デジタル庁デジタル監）

多様な専門人材が集まる行政組織 —— 136

考え方をつくる（ミッション・ビジョン・バリュー） —— 137

動き方をつくる（働く環境、制度、文化） —— 140

変わり方をつくる（組織サーベイ） —— 146

「公共価値」を最大化するために —— 148

今後に向けて —— 153

特別収録

行政組織を経営するうえでの課題とアプローチ

（浅沼尚デジタル庁デジタル監×宮坂学東京都副知事　対談）

組織の目標設定とその評価 —— 156

使われる行政サービスをつくる —— 159

行政組織のあり方 —— 164

いかに公共セクターで人材を確保するか —— 167

民間事業者との共創 —— 172

国・都道府県・基礎自治体との連携・協業 —— 178

今後の展望 —— 181

おわりに —— 183

参考文献・理解をより深めるためのブックリスト —— 187

装丁・本文・図版デザイン＝工藤公洋
DTP＝G-clef（山本秀一、山本深雪）

凡例

・本書の内容は、著者個人の見解であり、著者の所属組織を代表するものではありません。

・本書の内容は、2024年6月時点の情報に基づいています。人物の役職名等は執筆当時のものです。

PROLOGUE プロローグ

行政組織の経営について
もう一度考える

デジタル庁という新しい行政組織からの気づき

　2021年9月にデジタル庁が立ち上がり、私は、複数のプロジェクトで意思決定やチームマネジメントの仕事を行っていた。2021年末、憂鬱な気持ちで年を終えたのを今でも覚えている。Government as a Startupの精神を掲げながら、デジタル庁は約600名という人数でスタートした。各中央官庁の出向者のほか、自治体からの出向者、大企業、スタートアップ、個人事業主などさまざまなバックグラウンド、スキルを持った人材がフルタイム、副業、兼業などの形で参画した。

　多様な職員が働き方や組織文化を共有していないために、発足当初は非常に混乱した状況だった。デジタル庁自体がどういった方向性で運営されているのか、誰がどのように意思決定しており、何を成果として目指すのか。各省庁で運用していたシステムがデジタル庁に移管されたものの、一部のシステム、サービスは以前より少ない人数でこれを運用せねばならず、職員にかかる負荷も非常に高いものとなっていた。職員の組織に対する満足度等のアンケートの結果は非常に厳しいものだった。自分自身もこのままではこの組織の運営がままならなくなるのではないかという非常に大きな危機感を覚えた。

　こうした状況を受けて、2022年1月から、民間企業で活躍してきた組織開発や人事のスペシャリストと行政の若手管理職を中心に本格的な組織改善のプロジェクトを進め、さまざまな施策を実行してきた。結果として、現在ではより効率的なコミュニケーションや、組織の目指す方向性の共有、独自の組織文化の醸成が進み、これまでの行政組織とは違う、デジタル庁ならではの取り組みも増加し、成果も見えてきた。まだまだ改善の途上ではあるが、その取り組みは継続している。

　このような経験で改めて考えさせられたのは、行政組織であっても組織経営に関するノウハウを持つ人材が、より効果的、効率的にパフォー

マンスを出せるような環境づくりを実施しなければよい結果は出せないということだ。デジタル庁発足のタイミングでは、各省庁からデジタル分野に詳しく、組織を一緒につくっていこうという意志を持った人材が出向した。民間企業等から参画した人材も、自分たちの力でデジタル技術を政府に取り込むことで大きく社会をよくできるのではないかという意志を持った人材が多い。しかしそういった人材が集まるだけで、いきなり成果が出せるわけではない。そのメンバーがそれぞれの能力を発揮し、協働できる組織の仕組みがなければ何も実現できないのだ。

サッカーでも個人技によって状況を打開する能力は重要だが、チームメンバーの組織的な連携や戦略を前提としてこれが活かされる。テック企業においても1人のトッププログラマーが生み出す生産性は数百倍、数千倍になるかもしれない。しかし、その人が生み出すプログラムを活かしてよいサービスにつなげるには組織的なサポートや、その人が安心して働ける環境づくりが欠かせない。個人がそれぞれの能力を最大限に引き出し、そのメンバーが有機的に連携することによって初めて、これまで実現できなかったような大きなことを成し遂げることができるのである。組織とはその環境をつくるための土壌であり、その設計や文化のあり方によって実現できることとは大きく異なる。

デジタル庁は新しい組織であり、通常の行政組織より規模も小さいから、それにチャレンジできるのではないかとの意見もあるかもしれない。しかし、これまでのあり方にとらわれずに目指す新しい取り組みに既存の行政組織が抱える課題の解決の糸口がある。行政組織の経営システム改革こそがその答えである。本書はこうした思いから、これまでの行政経営システムの歴史を振り返るとともに、今後目指すべき行政組織経営のあり方を整理し、すべての行政組織においてなされるべき改革の方向性を示す。本書の記載を実現するには、当然制度的な見直しなどを前提としなければ難しい面も一部あると思われるが、そうした議論の糸

口となることを本書は期待している。

未来を考えるには、過去から現在の連続性を把握する必要がある

　本書では、行政組織や官僚制の「過去」をたどることで「現在」との連続性を理解し、これをどのように変容していくべきかの「未来」につなげることを意図している。

　現在とは過去の積み重ねから成り立っており、その変化の差分が次の時代を創っている。今を生きる我々の多くは、現在の社会の仕組みがそこにあることを当たり前のものと捉え、それを疑うことをしなくなる。しかし、社会のさまざまな組織、制度、慣習は、その時代の背景を踏まえて生み出されている。ある出来事が終了し、仕組みが構築されると、人々はそれが所与のものとして捉え、そのあり方自体を疑うことをしなくなる。結果として組織、制度、慣習などが現在においては意味を失っていたとしても、それが改善されず放置されるといったことが起きる。仮にこれらを疑ったとして、現状に合わなくなっていても、変える労力が大きい場合には、改善に取り掛かろうとしない。すでに不都合が起きていたとしても、その組織、制度、慣習が本当に耐えられなくなるまで変革がもたらされない。こうした状況を避けるためには、過去から現在に至るまでの外部環境の変化を理解し、現在の社会と比較した際にどこに歪みが生じているかを把握することが重要であると考える。そのうえで、環境の変化がどのように進むのかを予測し、あるべき未来を考えることによって、それに対応するような仕組みをつくっていくことが求められる。

PROLOGUE

行政組織の経営についてもう一度考える

なぜ行政組織の経営システム改革が重要なのか

　日本では、行政組織が行政事務のみならず、立法にも深く関与しており、制度の設計において、行政が重要な役割を果たしている。制度を策定するには、その対象者、つまりユーザーの声を聞きながら行う必要がある。ステークホルダーの声を聞き、対話しながら仕組みづくりが進められる。このため、社会制度の決定には行政官が大きな役割を担っている。一方で、行政組織のあり方については明治以来、国家運営の安定性をもたらした面はあるものの、既存の経営システムが前提となっており、組織の改善に対して目を向けてこなかった面があるのではないか。過去から維持される仕組みや慣習が組織経営を硬直性させている。

　行政組織には国・地方の制度や仕組みを動かす機能があるにもかかわらず、それを動かす組織の経営システムが十分に機能しないことは、この国全体のパフォーマンスの足を引っ張ることになる。優秀な人材が行政組織に入ったとしても、その人たちが連携してより効果的に能力を発揮できなければ、そのパフォーマンスは低くなってしまう。

　企業であれば外部の競争環境の変化に対して淘汰されないよう、自らの組織のパフォーマンスを高めるために経営システムを変革しようとするインセンティブが働くが、行政組織は社会の制度を改善することは考えても、自らの組織のパフォーマンスを改善することは十分考えてこなかったのではないか。

　日本の社会制度や公共サービスを時代に合ったものに変えるという付加価値の高い業務を担う行政官が、低付加価値の業務に忙殺されてこれに注力できない状況は、組織のパフォーマンスを考えたときに明らかに問題である。その結果、未来の組織を担う中堅・若手の行政官から組織を去っているのが現状だ。行政組織の経営システム改革を通じてこの状況を変革することがその状況を打開する解であると考える。加えて、行

015

政組織においてこれが実現できれば、日本に存在する他の大組織においてもそれが不可能ではないことの証左になるのではないか。

　行政組織の経営システムは明治政府以降、根本的な経営システムが改善されていないというのが本書の立場である。近現代において行政組織経営が見直されたタイミングとしては、①終戦後の公務員制度の法制化、②1980年代〜2000年代の行政改革、③2020年以降、デジタル変革が本格化している現在、の3つに便宜上分けて考えてみたい。①、②それぞれのタイミングで何がなされたかを過去の文献を踏まえて整理しつつ、当時の行政組織経営の見直しがなぜ本質的な経営改革ではなかったかを説明する。そのうえで③として、これから進められるべき本質的な経営の見直しの方向性、つまり行政経営システム改革を議論する。

　行政組織は現在のような形で運営されることが当たり前であるとして、誰もそのあり方を疑ってこなかった。もしくは、それに気づいたとしても組織の意思決定者が、現状の仕組みを変えたくない、自らの立場が脅かされるのではないかといった恐怖から、その取り組みが十分に進んでこなかったのではないか。過去の行政改革の議論においては、組織の統合、分離ばかりが議論され、組織内の職員のマネジメント手法や、意思決定の方法まで切り込んだ仕組みの変更が十分に変えられてこなかった。それが明治より100年以上続いてきたものと考える。

戦後の官僚制と行政経営

　戦後の官僚制は三権分立における行政としての位置づけを明確化し、欧米の民間企業で実施されていた科学的な組織管理手法の導入を目指すものだったが、実際には官僚が、GHQの管理のなかでも戦前の経営手法を維持するために制度化したものだといえる。高度経済成長自体も戦

前の挙国一致で行った動員体制を経済復興にも適用した結果として実現したのではないか。高度成長を支えたのは戦時中に活用された組織経営システムであろう。

1990年代〜2000年代の行政改革は、バブル崩壊とともに経済的にも停滞が進み、人口減少や少子高齢化が進むなかで財政的な不安が高まったことが大きな背景としてある。また、英国におけるニュー・パブリック・マネジメント（NPM）の導入を背景として、これを我が国にも取り入れようという動きがあった。民間ができることは民間に任せていく、民間経営のメカニズムを行政サービスの一部にも取り入れていくことで政府の権能のスリム化を図ることに主眼があった。

一方で、既存の行政組織においては、それまでの経営システムには大きく変革がもたらされることはなかった。森内閣で実施された省庁再編の目的は「縦割り行政による弊害をなくし、内閣機能の強化、事務および事業の減量、効率化すること」にあったが、行政組織の単位を変えただけで、本質的な経営システムの質を変えなかったと考える。中央官庁では旧省庁の縦割りが維持され、組織文化の融合や部署間の連携によるシナジーは限定的であり、ほとんど経営の仕組みは変わっていないといえる。

小泉政権で主張された三位一体の改革は、地方分権と財政再建を財源問題と一緒に解決しようとするものであり、「地方にできることは地方に、民間にできることは民間に」というスローガンが示すとおり、小さな政府の考え方で中央官庁が担っていた機能の一部を分離していくことが念頭にあった。国営事業の民営化はその成果の1つであるが、これは行政が提供していたサービスを民間企業として市場に切り出したに過ぎず、引き続き規制業種として法による拘束力を持たせることで、公益性の名の下で純粋な市場原理が適用されないような制約を持たせている。PFIによる公共施設等の民間企業による運営は、一部の行政が行う事業

について資本と経営の分離を図り、民間企業の経営ノウハウを取り入れることにはつながったが、これはあくまで事業単位での官民連携であり、行政組織本体の経営そのものを変えるものではなかった。地方分権や平成の大合併により、自治体の一部では首長のイニシアティブでそれまでと異なる経営システムが取り入れられたところもあるかもしれないが、抜本的に行政組織が変わるには至っていないと考える。

新たな行政経営システムとは

　これまで行政官には組織経営に関するトレーニングがなされず、それまでと同じやり方で政策運営を行うことが当たり前であるとして疑ってこなかった。長年続いてきた行政組織の経営システムを踏襲していれば、それまでどおり運営可能なのだから、経営努力は不要だったということだ。経営が見直されなかった理由の一端は、各行政機関が採用する優秀な行政職員が能力によってある程度の課題であればそれを解決してしまうといったことにもあったのかもしれない。一方でこうした過去から続いてきた組織経営が、内外環境の変化によっていよいよ維持不可能になってきている。飛躍しているかもしれないが、失われた30年と呼ばれる日本経済の停滞も、多くは行政組織の経営にすでに課題があったにもかかわらず、そこに目を背けてきた結果ではないかと思われる。

　本書でテーマとする行政経営システム改革は、より効果的・効率的に、行政組織がパフォーマンスを高めることを継続的に実行できる組織運営の変革を指すものである。行政組織が経営体として持続的に運営されるように組織内部にいる人材が能力を十分に発揮し、自ら目指すビジョンを達成できるような持続性のある組織環境をどうやってつくっていくべきかについて考えていく。まずは、現在行政組織が直面する経営課題を明らかにするとともに、これまでの行政経営がどういうものだったのか

について詳細に振り返る。そのうえで、今後の行政経営システムにどのような変革がなされるべきか示していく。

■行政経営システムの変遷イメージ

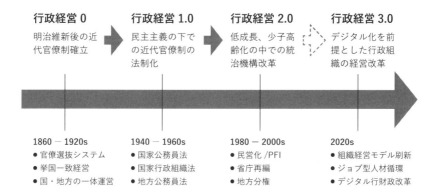

CHAPTER 1

行政組織の直面する経営課題

まずは行政組織を取り巻く環境変化と、それに伴い、組織内部で生じている環境変化が行政組織の経営にどのようなインパクトをもたらしているのか概観したい。外部環境の変化に応じて組織はそれに対応する能力を身につけなければ、より効果的な成果の実現が難しい。これは市場の変化に対応して新たな組織能力を備えなければ淘汰される企業組織と同じである。違うのは、今のところ行政組織は淘汰されないために、パフォーマンスが悪い状況を温存してしまうことだ。

外部環境変化による課題

デジタル化による課題の変化

　デジタル化によってそれまで特定の部署で対応していたような課題が、他の部署、組織と連携しなければ対応できないような課題になっているケースは多い。

　たとえば自動運転車の課題は経済産業省であれば、産業振興を考える場合、自動車産業を所管する課のみではなく、自動運転を支えるAIのための半導体やソフトウエアを所管する課が連携しなければ解決しない。また、そもそも道路交通法上、どのような交通ルールが望ましいかという点では、警察庁や国土交通省の道路交通を所管している部署も関与が必要だろう。同じ政策対象に対して、対応すべき組織がまたがることでコミュニケーションコストが高まり、本来一体的に議論することで問題解決のスピードを早められるはずの問題が、部分的な解決や、問題解決の遅延につながる。現状の組織構造が課題に効率的に対応できなくなっており、柔軟に対応できるような組織体制が必要となる。課題構造を縦割りから横断的な横割りで捉えるようにするほか、求められる複数の専門性に対してそれぞれの専門性を持った人材が集まって課題解決をしていくことの必要性が増している。ただ、行政官のみでそれらすべて

の内容を理解して政策決定していくことは難しい。これまでの行政組織では、自分が担当する政策領域の専門性に短期でキャッチアップし、課題を特定して有効な政策を打ち出すことが中央官庁の行政官には求められているが、その難易度が非常に高くなっている。

不確実で発生確率の読めない緊急な社会課題への対応

この20年間で予期していなかった複数の大きなショックを日本は経験してきた。経済ショックとしては、2008年のリーマンブラザーズの破綻に代表されるような不動産サブプライム市場の崩壊、金融機関の経営悪化と連鎖した経済悪化が代表的なものとして考えられる。自然災害では、2011年の東日本大震災による大規模な東北地域の機能喪失、連鎖して生じた原子力発電所の停止および事故、これに端を発する地域の放射能汚染対応や、電力供給不安を経験した。パンデミックとしては、2020年からの新型コロナウイルス感染拡大に伴う死者や重症患者の増加、これに対応した外出制限が進んだことでリモートワークなど行動様式の変化や、飲食業や観光業などを中心とする経営悪化などが生じた。

前述のインシデントは、いつ起こるかわからないが、社会に大きなインパクトを与え、さまざまな社会課題を連鎖的に生じさせる。こうした事象に対しては包括的な対応が行われなければならず、連携の基点として政府が機能することが求められる場面が増えている。一方でこうしたインシデントを予見し、素早く適応するためにはその変化の兆候をつかみ、シナリオを想定しておくことが重要になる。加えて、緊急時において平時と異なる意思決定のモードや、ステークホルダーとの連携が可能になるようなガバナンスをあらかじめ設計しておくことが必要となる。

テクノロジーの急激な変化や自然災害は、社会構造を急激に変え、未来を変容させる。世界各国で未来洞察ユニットといった将来のリスクやそれに基づく施策の研究を行う部署が設置されはじめているのは、これ

らに対応する行政組織の能力強化を図るためである。経営学ではPEST分析というフレームワークで政治、経済、社会、技術の変化を整理して、その変化を予測することで、包括的な変化の兆しを読み取り、自社の事業戦略を考えるといったことがなされている。一方で、国においては各省庁がそれぞれの所管の内容をバラバラに分析し、包括的な対策が打てていないことが多い。こうした観点からも行政の経営の見直しは重要になっている。

社会課題解決に関与するステークホルダーの変化

　ステークホルダーについても、これまでの業界団体といった枠組みではなく、スタートアップやNPOなど新しい価値をもたらす主体との連携が進まなければ、飛躍的な問題解決が図れないケースも多い。前述したように、デジタル化を通じてこれまでは異なるとされていた産業間の相互参入が進んでいることや、データ連携を通じた企業間の連携が進んでいることも背景にある。

　業界間やサプライチェーン内でデータを流通、共有することによって産業の効率化を図るケースでは、これまでの業界団体の枠組みでは問題解決が望めない。こうした横串の政策課題に対して、シェアリングエコノミー協会やフィンテック協会のように新しい政策提言主体が登場してきているほか、規制緩和を進めたいスタートアップを中心としてロビイング活動を行うような団体も出てきている。こうした主体は、テクノロジーの変化に合わせて、それがどのように受容されるべきか社会ルールをともに形成していく新しいパートナーとなってきている。

　シビックテックや社会課題解決型のNPOは、自ら解くべき課題を設定し、個人や組織としてその解決を目指す取り組みを進めているが、彼らについても国・自治体が対応してきれていない課題を自らの手で解決しようとしており、それぞれの向き合う課題の構造について、場合に

よっては行政機関以上に熟知しているケースもある。こうしたアクターと国・自治体が連携することで共に課題を解決しうる。

　加えて、今や個別企業自身が社会課題の解決をビジネスの目的（パーパス）として設定し、事業を行っているケースも多い。こうした企業の提案を自治体が受け止めて、共に社会課題を解決しようといった事業も生まれはじめている。

　行政組織にとっての他のステークホルダーとは、これまで、①規制対象、②サービスの提供対象、③行政事業の委託先といった関係性が前提だったが、①は共にルールをつくっていくパートナー、②は政策のフィードバックをもらうユーザー、③は発注者、受注者の関係ではなく、よりよいサービスを提供するための協働相手としての関係性の構築が重要となってきている。

政治主導

　行政組織の環境変化として政治との関係性についても考える必要がある。2009年に民主党が政権を取った際に、事務次官等会議の廃止、国家戦略局、行政刷新会議の設置など、官邸直下の内閣官房機能の強化が行われた。一部の会議体等は廃止されたものの、こうした民主党政権がもたらした政治主導のための仕組みは、その後の自民党政権でも維持され、2014年には行政幹部職員の人事を司る内閣人事局が設置され、行政幹部の人事権の掌握と合わせて行政の意思決定による影響力の弱体化が進んだと考えられる。

　政治主導が進んだ結果として、官邸がそれ以前より大きく行政組織の意思決定に関与するようになったが、同時にそれは霞が関の中央官庁の政策に対する責任意識の希薄化をもたらしたのではないか。最終的には総理や官邸を中心とした意思決定で政策の方向性が決まってしまうため、それに従うことが、中央官庁幹部の行動原理となってしまった面が

あるのではないか。この結果、組織のミッション、ビジョンに対する行政幹部の責任感覚は弱まり、より経営が弱体化したという側面があるのかもしれない。

内部環境変化による課題

公務員の少なさと財政支出増加から生じる業務負担の増加

　日本の対人口比公務員比率は、世界各国と比較しても低いが、これは今に始まったことではない。継続的な傾向として、少ない中央官庁の職員が国の行政を担っている。また、地方公務員の割合も他国と比較すると同様に低くなっており、国・自治体両面で職務を担う人材が限られている現状を認識する必要がある。予算支出に対する公務員の人件費の割合も各国に比べて低い一方、1人当たりの予算支出額は大きくなっている。我が国では、少ない公務員数を補うべく政府支出でその業務を外部委託することでカバーしているということが仮説として考えられる。

　リーマンショック、東日本大震災、新型コロナウイルス感染拡大とさまざまな大きな社会ショックの経験により、財政支出を通じて再分配を進め、経済の活性化や社会的な支援サービスを提供することが政府に求められ、その結果として歳出は増加傾向にある。

　国・自治体は市場メカニズムで受容しきれないショックに対応する役割を果たすが、不確実な社会ショックの増加により対象とする事業領域が拡大している。結果として公務員の業務負担量が増加し続けている。一方で、事業の執行にあたっては、行政機関が直接行うのではなく、外部にその業務を委託して組織内の人材の少なさをカバーしなければ、サービスを届けることができない。少数の中央官庁、自治体の行政官は、予算執行について強い権限は持つものの、それが外部委託により効率的な成果を上げているのかは考えなければならない。

CHAPTER 1
行政組織の直面する経営課題

■人口千人当たりの公的部門における職員数の国際比較

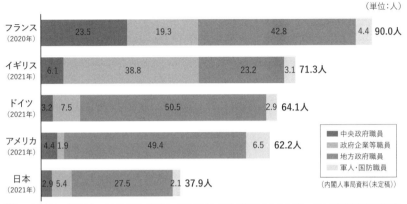

（出典：人事院「令和6年度人事院の進める人事行政について」をもとに作成）

自己都合退職者数の増加

　中央官庁の総合職職員の退職者数は、元来の公務員数の少なさに加え、足元で増加している。特に自己都合退職者は20代以下で大きく伸びている。加えて、30代についても2017年から18年にかけて増加しており、その後も増加傾向にあると思われる。つまり、今後の組織を支える若手、中堅行政官の数が減少しているのだ。自治体でも、退職者数は約10年で2.2倍となっており、特に若手職員の退職者がここでも増えている。行政のデジタル化を推進してきた自治体職員が、より幅広い地域に対して自分の能力を活かし、貢献したいといった思いから退職しているケースもよく見かけるようになった。

国家公務員に関しては、人事院の調査によれば、いわゆる「キャリア官僚」と呼ばれる総合職職員の10年未満での退職者数は、2022年度で177名と過去最多となっている。

　現状、中央官庁は人材採用において、新卒採用・終身雇用を主としている採用モデルを中心に据えているが、これを変えなければ、退職者が増えると人材の流出が進むばかりで、流入が期待できない。近年、中途採用を各行政機関も増やしているが、流出以上に流入が期待できない状況であるほか、一度採用しても行政組織の働き方にフィットせず辞めていく中途採用者も多い。行政組織がこれまでの新卒採用、終身雇用の経営モデルを維持し、人材の多様性の許容や、専門スキルを持った人材の活躍できる環境を組織内に設けられていないことに原因があると思われる。

若手職員の労働意識の変化

　優秀な若手職員は、非効率で自分のミッションを達成できないような組織には居続けない傾向にある。自分の人生の時間が有限であることを知っていれば、優秀な人材は合理的な選択を行う。より自分が達成したいことが明確であれば、それに見合ったスキルを早く効率的に身につけられる職場を選ぶ。また、そうした明確な目標がない場合でも雇用市場でより汎用的に利用可能なスキルが身につく場所を職場として選ぶ。職場の業務から学ぶことができなければ、年功序列で自分が実現したいことがいつできるかもわからないローテーションの行政組織には居続けない。こうした結果としてコンサルティングファームやスタートアップなどに転職する若手行政官が増加している。リクルートワークス研究所の調査によれば、Z世代の仕事観の特徴として、プライベートを大切にしたいという点や、コストパフォーマンスを重視するといった特徴が述べられている。そして、そのコストパフォーマンスの意味するところは、「自分のキャリアにとってより効率的にスキルが得られること」、「同じ

CHAPTER 1
行政組織の直面する経営課題

■退職年度別・在職年数別の退職者数

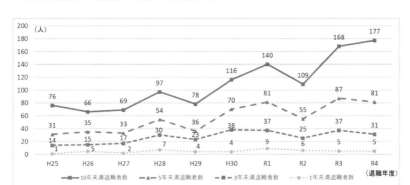

出典：人事院資料「総合職試験採用職員の退職状況について」（令和6年7月）から引用

■自治体職員（一般行政職）の普通退職者数推移

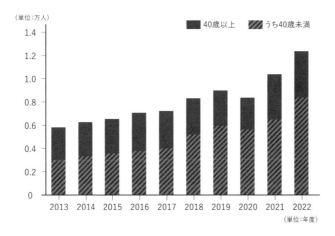

出典：総務省「令和4年度地方公務員の退職状況等調査」をもとに作成

業務に対して、より少ない労力で達成可能であること」の2つが挙げられている*1。

特に行政官の仕事は、どのようなスキルが得られるのかが明示されていないとともに、業務もデジタル化が遅れており、非効率な組織も多い。「ブラック霞が関」と呼ばれている理由の多くは、国会対応のよう

■働きたい組織の特徴

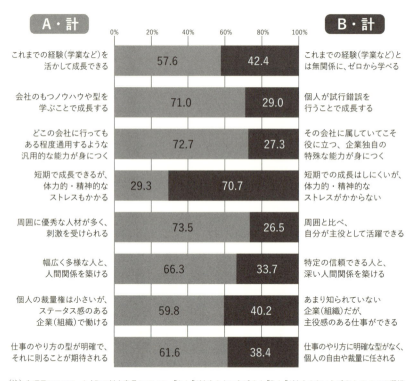

(注) 各項目について、A/Bの対立意見について、「A」「どちらかといえばA」「B」「どちらかといえばB」の4つの選択肢の中から自身の考えとして当てはまるものを、1つ回答する形式で聞いたもの。「A」「どちらかといえばA」をあわせた「A・計」、「B」「どちらかといえばB」をあわせた「B・計」を示している。

出典：厚生労働省「新しい時代の働き方に関する研究会 報告書 参考資料」をもとに作成

に他律的に生じているものだけでなく、そもそも業務改善が十分進んでいないがゆえに起きていることを認識しなければならない。『ブルシット・ジョブ　クソどうでもいい仕事の理論』（デヴィッド・グレーバー著、酒井隆史・芳賀達彦・森田和樹 訳、岩波書店）では、官僚組織にありがちな上司の権威づけのための仕事や、報告のための報告など、付加価値を生み出さないが、組織の論理で維持されている不必要な仕事が現代社会には多く存在していることを指摘しており、そのなかでも最初に想起されるのがパブリックセクターであるとされている。

中堅職員の労働意識の変化

　ワーク・ライフ・バランスの観点から、仕事だけでなく私生活も両立できなければ職場を去らざるを得ない。共働きが進む子育て世代の中堅人材にとっては、柔軟な勤務形態のコントロールができないことや深夜残業が続くことが子育ての大きなハードルになっている。コロナ禍でリモートワークが進み、働き方を柔軟にすることで、かつてより子育てとの両立などがしやすくできることが証明されたが、そうした働き方が維持できない場合は職場を去るという選択につながりやすい。組織を支える中堅の行政官も育児等の家庭生活を維持するため、労働環境の過酷さを理由に退職していった者もいる。

　上司である幹部がロールモデルたるかという点も、同じ行政組織で働き続けるかを判断するうえで重要な役割を果たす。年功序列のキャリア制度では自分が数年後どういったポジションにつくのか、ある程度の想像がつく。上司の役割や働き方が魅力的なものでない場合は、働き続けたい思いは弱くなってしまうだろう。しかも、意欲的でより新しいこと

＊1　PRESIDENT Online「Z世代の7割が「仕事よりも大事」と回答…若者が「これだけは外せない」と思っている仕事選びのある項目」https://president.jp/articles/-/65646

にチャレンジしたいと考えている行政官ほど、行動力があり、市場価値も高いと考えられ退職しやすい傾向にある。組織を担っていってほしい人材が行政組織を去るということが、若手層だけでなく、中堅層でも起きはじめている。

　北村亘教授をはじめとする行政学の教授陣による『現代官僚制の解剖』（北村亘 編、有斐閣、2022年）では、2019年の官僚意識調査というアンケートをベースにさまざまな視点から分析がなされている。アンケート対象は課長補佐級から若手管理職を中心としており、今後組織を担っていく行政官である。本書では、砂原庸介教授による計量経済分析から以下のような考察がなされており、行政官の職場への満足度を高めるうえでワークライフバランスと幹部の組織マネジメントの重要性が示唆されている。

　　"職務満足度を高めるには、職場環境を改善するという方策のほうが、実現しやすく、また採るべき方策が明確なように思われる。職務満足度と、ワーク・ライフ・バランスと幹部によるヴィジョンに関連性があったという本調査の結果からは、育児・介護などの私生活とのバランスや、府省幹部による組織マネジメントの重要性が見てとれる。もちろん、ワーク・ライフ・バランスと幹部によるヴィジョンによって職務満足度が高まるという因果の方向性は明確ではないものの、職務満足度が高いとワーク・ライフ・バランスがよくなったり、職務満足度が高いと幹部が明確なヴィジョンを示したりするという因果の方向性は想定しにくい。職場環境を改善することで職務満足度が高まるという方向性を想定するのは自然であろう。2021年の公務職場に関する意識調査では5年前の調査と比較して、ワーク・ライフ・バランスについて肯定的に答える傾向が強まったことが指摘されている。職場環境を継続して改善していくことは引き続き重要である。(p155)"

CHAPTER 1
行政組織の直面する経営課題

　このように、日本の行政官の数は、他国と比較しても人口比で見た場合は少なく、歳出や業務量が増加しているにもかかわらず、若手職員、中堅職員の労働環境が改善されていないために、特に優秀な人材からさらに流出してしまっているのではないか。その背景には社会における労働観の変化に対応しきれていない行政組織の課題があると思われる。奇しくも上述のとおり、2019年の官僚意識調査の結果からも行政幹部のビジョンや経営のあり方が職員の職場満足度に影響していることを示している。

CHAPTER 2

これまで用いられてきた
行政の経営システム

明治から戦後の行政経営システム（行政経営1.0）

　戦後の行政経営システムについては、明治以降、戦前の官僚制の系譜を引き継いでいる。GHQの占領下で民主化が進み、いかに戦前の国力集約による復興に向けた国家のパフォーマンス最大化を図るかに重点が置かれた。

明治政府による近代行政組織の形成

　明治時代の当初は藩閥体制と呼ばれるように、明治維新をリードした薩長土肥といった特定の藩からの出身者を中心に行政運営がなされていた。有力藩出身の維新官僚は、同藩出身者のなかから才覚ある者を留学させ、海外の制度を学ばせ、彼らを要職に迎えることで新しい統治の仕組みをつくろうとした。

　一方で彼らが目指す新しい行政の仕組みは、藩閥にとらわれることなく、優秀な人材を選抜し、国家運営にあたらせることにあった。幕藩体制を見直し、将軍家や藩主による影響力を弱めるために廃藩置県を進め、県令などの要職にはその藩出身者以外の維新官僚を当てることで、統治システムを人材レベルから塗り替えようとした。この結果、維新官僚が地方行政のトップを占めるといった国と地方の関係性がこの頃から構築された。現在も官僚の自治体出向や、官僚出身の知事就任などの形でその傾向が残存していると思われる。1868年、明治元年に発せられた五箇条の御誓文では、それまでの身分制を超えて国民各自が志すところを達成できるようにしていこうといったことが述べられている。

> ＜五箇条の御誓文（口語）＞
> ●広く人材を集めて会議を開き議論を行い、大切なことはすべて公正な意見によって決めましょう。

- 身分の上下を問わず、心を一つにして積極的に国を治め整え ましょう。
- 文官や武官はいうまでもなく一般の国民も、それぞれ自分の 職責を果たし、各自の志すところを達成できるように、人々 に希望を失わせないことが肝要です。
- これまでの悪い習慣をすてて、何ごとも普遍的な道理に基づ いて行いましょう。
- 知識を世界に求めて天皇を中心とするうるわしい国柄や伝統 を大切にして、大いに国を発展させましょう。

　行政組織が拡大するのに対し、優秀な人材を供給する仕組みとして帝国大学が整備され（1886年、帝国大学令公布）、官僚を任用するための高等文官試験制度も整備されていった（1887年、文官試験試補及見習規則公布）。当時日本が模したのはドイツの行政システムであり、そのなかで法律学を核として公務員の採用試験が構成され、帝国大学の法学部出身者が中心に採用されている。これまで東京大学法学部の卒業生が国家公務員試験を受ける割合として多いのもこうした背景が現在まで受け継がれているからと思われる。当時の採用区分は司法・外交・行政の3つの区分しかなかった。

　江戸時代の身分制度に基づく行政から、明治時代は藩閥に基づく維新官僚による行政に代わり、さらに大正時代に向かって身分や地域に縛られない能力主義に従った学士官僚による行政運営の転換が進められた。こうした転換を通じて能力主義による官僚の供給を実現しようとしたのだ。

　一方で、近代国家を整備するうえで制度整備が重要な役割を担うことから東京帝国大学法学部が官僚を供給する主な機能を担い、大学の教授は学生と各省庁の就職の橋渡しを行う機能を果たした。その結果とし

て、大学や特定の学部の出身者が省庁に就職していく学閥という、新た
な身分を生み出した。清水唯一朗『近代日本の官僚』（中公新書、2013）
によれば、大正時代にはすでに官僚選抜においても点数至上主義が進
み、大学で学ぶ内容よりもその成績のみが重視され、試験も講義録で乗
り切るような学生が現れていたとしている。高等文官試験の合格者が、
エリート意識は高いが、実務能力（実際に施策を実行に移す能力）につ
いては、貧弱であると藩閥官僚に揶揄されていた面もあるとされてい
る。

　明治時代は新しい国家統治の仕組みが主要な課題であったのに対し
て、大正に入り、日清・日露戦争を経て帝国主義化が進み、官僚候補者
の意識変化も生じたとされる。軍隊や産業界といった進路の多様化が、
帝国大学出身者にとってもそれまでよりも官僚になることの位置づけを
相対的に低下させた。

　戦前の官僚制の特徴として、官僚は天皇の官制大権のもとにあり、議
会の干渉を受けない存在だった。加えて新卒者を採用し、トップまで育
成する帰属モデル（終身雇用）の仕組みをつくるとともに、その帰属意
識は各省庁へ向かうように設計された。政党による官僚制への関与、人
事介入が試みられたが、山縣有朋は自由任用の幅を狭めた。この頃の組
織制度によってもたらされた法学部中心の採用、採用者の個別省庁への
帰属、身分保障による終身雇用と年功序列は、現状の官僚制にも継承さ
れている。結果として、行政組織において法律、制度をつくることに重
きが置かれ、組織経営的な視点や執行における実務能力、テクノロジー
の導入といったパフォーマンス改善が軽視される組織文化が醸成されて
しまったところもあるのではないかと考えられる。

　世界恐慌以降、1930年代から終戦に至るまで革新官僚は、国家動員
のために経済統制のための諸制度を設け、経済界もその仕組みに組み込
むために経済団体の組織化が行われた。天皇制のもとで、その権力は神

聖不可侵とされながらもその官吏である官僚の裁量権が非常に大きかったことが戦前においても特徴的であり、管轄が広範に及んでいた。こうした特徴が、中央官庁による権力と社会関与の姿勢を決定づけた。

戦後の公務員組織の法制化と明治以降の行政経営システムの温存

　戦前の仕組みを引き継いだ形で、日本政府はGHQの統制のもと民主国家としての社会制度を再構築するために法制度の整備を進めた。しかし、実態としては戦前の経営システムをそのまま維持していくことになる。GHQの占領下で、行政組織の運営権を天皇制下と同様に旧政府の官僚体制の温存を目的として法制化が進んだ。GHQ側も占領後の国家運営において官僚組織の能力を活用しなければ復興が難しいことから、その妥協が図られたとされている。

　国家公務員法が1947年に制定された。この際に人事院の設置がなされ、国家公務員の人事制度を司ることが定められているが、公務員の任命権者としては各省庁の大臣等、組織の長とされており、引き続き省庁への帰属モデルが維持された（第55条）。現在も人事院の試験後、その合格者が官庁訪問を通じて採用が決定されるのはこのためであり、日本政府全体に対する帰属というよりは、採用省庁への帰属意識が強くなり、セクショナリズムの要因となっている。当初は人事院に人事権も含めた強い権限を与える計画もあったが、各省庁の官僚の強い反発とGHQへの根回しの結果として各省庁の人事権の維持がなされたとされている。

　国家行政組織法は1948年に制定され、かつての天皇制から、民主制の三権分立における内閣の下に各中央官庁が位置づけられ、組織における官房、局・部、課・室といった組織単位なども定義されている（第7条）。各省庁の組織構造については組織令で定められるが、基本的な組織の構造は上位の組織法に則って構成されている。

加えて、戦後の官僚制では、米国のテイラーが提唱した科学的な経営管理手法を行政組織に持ち込むことを意図していたといわれている。米国の職階制では、上長と部下の関係性は役割の違いだけで立場としては対等と位置づけられ、能力・成果主義によって昇進が決まる一方、我が国では、戦前の封建制が引き続き温存されたことによって年功序列が維持されたものと思われる。こうした点は、1969年に発刊された行政学者辻清明の『日本官僚制の研究』（東京大学出版会）においても指摘されている。本書では、下級官吏が文書を作成し、これを上級官吏に決裁をもらうことで意思決定していく「稟議制」についても我が国特有のものであり、これが能率の低下、責任の分散、上級職の指導力の弱体化をもたらすものとして批判している。

　近代官僚制の当初の目的の一部は、科学的経営手法の導入等を通じて効率的・効果的な組織運営を実現し、組織のパフォーマンスを高めることであったと考えられる。米国の官僚制においてフォードも採用したテイラーの経営管理手法を行政に持ち込むことが試みられたのはそのためである。一方で、戦前の行政経営システムの温存は、国家総動員体制を経済復興に応用することによって、高度経済成長を支えたと考えられる。戦中、軍部が国家リソースを総動員して戦争に向かったように、今度は官僚が中心となって広範な管轄を背景に国内リソースを総動員し、産業界と連携して育成する産業の選択と集中を図ることによって経済成長を実現させた。

　こうした成功体験と戦後の国家公務員制度・行政組織の法制化は、その硬直性を生み出し、行政経営モデルの革新を生み出しづらくしてしまったのではないか。稟議制も、上級職員の経営に対する責任感や、マネジメントに対する意識の醸成を妨げるものであり、この点も経営システムが変わってこなかった理由として挙げられるだろう。

CHAPTER 2

これまで用いられてきた行政の経営システム

行政改革による経営システム見直し（行政経営2.0）

1980年代以降、英国のニュー・パブリック・マネジメント（NPM）の概念の輸入や、バブル崩壊後の財政負担の増大、官僚に対する信用失墜などを背景として2000年代までさまざまな行政改革の動きが生じた。こうした取り組みで生まれた行政経営システムの変容を行政経営2.0として振り返ってみたい。結論を先取りすれば、これらの動きについても行政が担っていた事業のオフバランス（切り離し）と、民営化によるパフォーマンス改善には貢献したものの、既存の行政組織の経営システムを本質的に変質させたものではなかったといえる。

国営事業の民営化、独立行政法人化

三公社五現業と呼ばれる事業は、1980年代以降、その運営のあり方が見直されていった。公社は、国の機能の多様化において国の事務・事業を担うため設立された法人の一形態であり、1980年代から民営化が進められた。また、現業とは、行政組織の業務でも国民の権利・義務を左右しない、非権力的な業務であり、2000年代から民営化および独立行政法人化が進められた。特に民営化は、事業体を株式会社化することにより、民間の経営に委ねることによって、税収を原資とした政府支出からの切り離しによる財政の負担軽減、市場競争による効率的な事業経営を促し安価でより品質の高いサービスの提供などが念頭にある。独立行政法人についても明確に組織の役割と責任を定め、事業を担わせることにより、その効率化を図ろうとしたものである。

2005年の郵政民営化は当時の小泉首相が政策争点として掲げ、民間でできることは民間へという小さな政府への志向を象徴するものでもあった。公社の職員は国家公務員であることから、その民営化を通じて国家公務員の3割削減につながったとされている。

041

以下、具体的な三公社五現業がどのように見直されたかを示している。

<三公社>
・1985年　日本専売公社→日本たばこ産業（JT）
・1985年　日本電信電話公社→NTTグループ
・1987年　日本国有鉄道→日本旅客鉄道グループ（JR）

<五現業>
・2003年　日本銀行券、紙幣、国債、収入印紙、郵便切手、郵便はがき等の印刷事業→独立行政法人国立印刷局
・2003年　造幣事業→独立行政法人造幣局
・2003年　郵便、郵便貯金、郵便為替、郵便振替及び簡易生命保険の事業→日本郵政公社→2007年　日本郵政グループ
・2006年　アルコール専売事業→日本アルコール産業
・2013年　国有林野事業の企業的運営→廃止

　一方でこれらの組織には、旧所管官庁の行政官が派遣され、一定の権力を持ちながら経営に関与してきた歴史がある。また、元来の事業体が行政組織をベースとしていることにより、その経営手法についても十分な革新がもたらされてこなかった。これには、民営化された事業の多くが引き続き個別法令によって規制されていることも、大きく影響している。近年では民営化された企業の経営の柔軟性も高まっているところだが、公益性の担保と、民営化による技術革新や効率性の追求の両立が難しいのは、組織のあり方が行政組織の経営システムをベースとした法制で縛られている点にあるのではないか。

PFI（Private Finance Initiative）

　PFIとは、民間の資金と経営能力・技術力（ノウハウ）を活用し、公共施設等の設計・建設・改修・更新や維持管理・運営を行う公共事業の手法である[*1]。1990年代前半に英国で導入され、我が国では、1999年にPFI法が制定された。PFIでは①国民に対して、安くて質の良い公共サービスが提供されること、②公共サービスの提供における行政の関わり方が改善されること、③民間の事業機会を新たに創り、経済の活性化に貢献することの3つを目的としている[*2]。

　公共事業、サービスについては、民間がより効率的でよりよいものを提供できているのであれば、その運営を民間企業等の活力に委ねたほうがよいという考え方からこうした取り組みが進んだ。法制定以来2022年度まで1,004件の事業が実施されている[*3]。1,004事業のうち、国の事業は95であり、主には自治体がインフラ事業や公共施設の運営で手法を取り入れている。

　PFIは20年以上の時を経て、官民連携の1つの手法として定着してきてはいるものの、課題も存在する。たとえば、首長・議会も含めた理解の必要、わかりやすい情報の横展開の不足、専門人材の育成、個別事業における官民対話の不十分やリスク分担の明確化がなされていないケースが存在するなどがさらなるPFIの推進において重要とされている[*4]。PFIでのトラブルにおいても事業を委託する行政機関が、十分に事業のスキームやその影響範囲を理解できない、案件に関わるステークホル

[*1]　内閣府「PFI事業導入の手引き」https://www8.cao.go.jp/pfi/pfi_jouhou/tebiki/tebiki_index.html

[*2]　e-GOV法令検索「民間資金等の活用による公共施設等の整備等の促進に関する法律」https://laws.e-gov.go.jp/law/411AC1000000117

[*3]　内閣府「PFI事業の実施状況（令和4年度）について」https://www8.cao.go.jp/pfi/pfi_jouhou/pfi_joukyou/pfi_joukyou_r4.html

[*4]　内閣府「PPP/PFI推進に当たっての課題について」https://www8.cao.go.jp/pfi/iinkai/pdf/ppppfi_task.pdf

ダーや、実際に事業を運用する事業者と共通認識がつくれていないといったことに要因があり、こうした状況は行政組織の担当者の専門性の欠如から生まれていると思われる。PFIに限らず、行政が予算を執行して実施する委託事業についても同様な課題が存在する。

■ PFI事業者数の推移

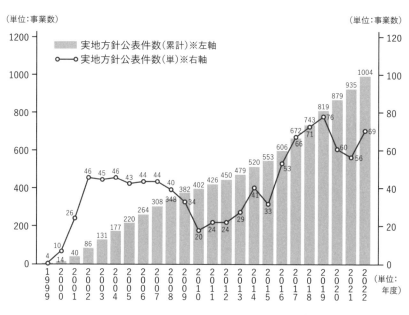

出典：内閣府資料をもとに作成

省庁再編

2001年の中央省庁再編によって、それまでの1府22省庁は1府12省庁に再編された。中央省庁再編の目的は、1998年の中央省庁等改革基本法[*5]によれば、1997年の行政改革会議の最終報告に則り、「内閣機能の強化、国の行政機関の再編成並びに国の行政組織並びに事務及び事

業の減量、効率化等の改革」を実施することとされている。結果として内閣官房の機能拡充に加え、下図にあるような形で省庁の組織再編がなされた。

　組織再編は、企業のM＆Aと同じように、合併することによるシナ

■ 2001年10月中央省庁等改革基本法に基づき中央省庁再編で改革された省庁の一覧

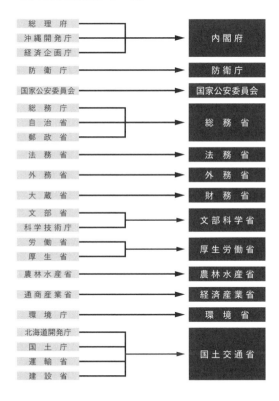

＊5　e-GOV法令検索「中央省庁等改革基本法」https://laws.e-gov.go.jp/law/410AC0000000103

ジーが生じなければ意味がない。たとえば企業の場合、①基幹システムやバックオフィス業務の統合による、規模の経済から生じるコスト低減、②サプライチェーンや販売網の相互利用による範囲の経済から生じる販売拡大やコスト低減、③合併企業間の事業分野の連携による新規製品、サービスの提供といった付加価値の向上などが挙げられる。

　合併に際しては組織体制の見直しや組織文化の統合などがなされなければ、組織経営の改善が図られず、合併のシナジーが生まれづらい。しかしながら、省庁再編により合併して20年以上経つ今でも再編後の省庁における文化の統合や組織内のシナジーを生み出す組織改革は限定的であり、省庁内でも縦割りが続いている。合併した省庁であっても、総合職の官庁訪問での採用面接プロセスは、旧省庁の採用枠によって異なる。省内での旧省庁間での異動は、前よりも頻繁に行われるようになったのかもしれないが、1つの省としての組織文化が形成されているのかといえば、そのような状況にはなっていない。

　上で述べた企業のM＆Aの効果でいえば、①の基幹システムやバックオフィスの業務統合によるシナジーは一定程度あったかもしれないが、本来期待されていた②や③といった旧省庁間がより緊密に連携することで付加価値を生み出すといった点はもたらされていない。

　組織文化や果たすべき機能に関する見直しが図られず、旧体制を温存することで大きな変化を避ける場合には、省庁が再編されたとしても政策的なシナジー効果を小さなものにしてしまう。

地方分権と平成の大合併

　財政支出が増加するなかで、小泉政権において2001年に三位一体の改革が唱えられ、「地方でできることは、地方に、民間でできることは民間に」という掛け声のもとに、国庫補助金改革、税源移譲による地方分権、地方交付税の削減による財政再建の3つを同時に進めようとい

う、「小さな政府」を念頭に置いた改革が進められた。

平成の大合併は、人口減少、高齢化に備えて、より効率的な行財政基盤の構築を目指して1999年から2010年にかけて取り組まれたものであり、総務省も総括を行っている[*6]。1999年時点では3,229あった基礎自治体は、10年後の2010年には1,730程度まで合併が進んだ。ただし、2010年時点で、合併後も5万人未満の自治体が1,185自治体と全体の7割を占める一方、合併を通じて政令指定都市、中核都市、特例市になった団体は21あり、大規模化した基礎自治体も一定程度ある。しかし、2008年の読売新聞による調査では、回答者の約6割が「合併で住民サービスがよくなったとは思わない」と回答しており、約5割が「行政の無駄が減ったとは思わない」と回答している。

一方で『行政の経営改革』（上山信一、第一法規、2002年）では、三重県や福岡市など一部の自治体では首長の強いイニシアティブによって住民サービスを重視し、組織経営のあり方自体も見直すような改革が進んだ事例が示されている。本書で上山氏は、組織のアプリケーションソフト（AS）とオペレーティングシステム（OS）の両方を変えていくことが重要であると説いている。ASにあたるものはバランスシートや企業会計制度の導入、行政手続きの簡素化など組織の管理を効率化するためのツールであり、OSは予算制度や地方自治制度などのそもそもの組織運営のあり方を規定するものとして整理している。特に経営システムの根幹である予算・会計制度や、組織・人員配置の硬直性についても課題として言及しており、より柔軟性を高めるとともに、インセンティブ設計を行うべきであると述べている。

[*6]　総務省「「『平成の合併』について」の公表」https://www.soumu.go.jp/gapei/pdf/100311_1.pdf

公共事業体の組織分離・合併モデル

　現業組織の民営化・独法化、PFIの導入、省庁再編・自治体合併は公共事業体の見直しという観点から比較できる。

●公営事業の民営化は、これまで公共サービスとして定義されていたものを市場原理に任せることによって、より効率的なサービスの提供を促すものである（事業体の分離）。ただし、規制や財政的支援によって産業に対する一定の公益性を担保している。また、行政機関からの出向等によって引き続き行政機関の人的関与を強く持っているケースが多い。

●PFIは引き続き行政機関が公共事業として行い、その資本の一部を提供するが、民間事業者がこれを受託して運営することによって、経営の効率性を高めようとするものである（事業体の資本と経営の分離）。引き続き行政機関がその資本を提供し、事業に関する意思決定に関与する点において民営化よりも行政機関の関与が強い。このため、経済原理で考えた場合に効率的な判断が、行政機関の関与によって歪められるケースもある。

●省庁再編、自治体の合併は、公共事業体自体を再編することによってその効率を高め、統合による公共サービスのシナジーを促すことが本来の目的であったと考えられる（事業体の統合）。一方で特に省庁再編に関しては、統合後もそれぞれが異なる所管をカバーするがゆえにその体制が温存され、組織文化や人事制度をいかに組織内で一体化していくかという点についてはいまだに十分に機能しないと思われる。一部の自治体では、首長の強いイニシアティブによって、こうした組織のカルチャー変革が進み、独自の経営改革が進んだが、これも限られたケースに留まると思われる。

　このようにこれまでの公共事業体の改革はその組織の資本関係のみに

■ 1980年代から2000年代にかけての行政改革モデル

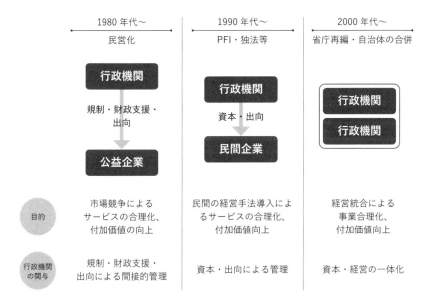

着目して改革が行われてきた。この結果として、民営化、PFIを通じた組織分離、省庁再編、自治体の合併といった組織統合が行われても、特に省庁や自治体に関してはそれまでの組織経営システムが温存され、組織のミッション、組織文化の変革や、人事制度の見直しなど行政組織自体の運営のあり方の見直しはほとんど進んでこなかったといえるのではないか。行政組織自体の経営システムの変革に取り組むことが、今後達成しなければならないことであると考える。

CHAPTER 3

成果を上げる新しい
行政経営システムを考える

組織の形でなく、経営の仕組みを見直す

　過去の行政改革は、組織の分離や再編といった事業、業務を行う組織の形を変えることが議論の中心であり、行政組織の人材採用や、組織文化といった明治以来の経営システムを変えるところまで及ばなかったのではないかというのがここまでで述べたかったことである。

　行政を1つの産業セクターとして見たときに、競争がない最も伝統的な産業として技術革新が行われず、組織も時代に合わせて変えるというインセンティブが働かなかった。また、行政組織には試験を突破した優秀な人材が就職するという前提から、属人的な能力の高さに依存し、組織として効率的にパフォーマンスを出すといったことを重視してこなかったのではないか。

　しかし、行政が直面する課題の不確実性と専門性が高まるなか、個々の行政官の能力に依存した課題解決が限界に達しているのが現在の状況ではないか。加えて、労働市場の流動性が高まり、能力の高い人材には他のキャリアの選択肢が拡大する現状で、能力向上や、やりがいを見いだせない若手職員の退職、ワークライフバランスを満たせず、家庭を維持することも難しくなった中堅職員までもが辞めていくといった事態が生じている。

　一方、行政組織の経営システムは一向に変わらず、新卒採用を中心とした年功序列の人事制度、引き続き非効率な方法で処理されている業務慣行等、組織経営上改善すべき点が政策対応を優先して検討されてこなかった。行政幹部は、組織マネジメントに責任を負うよりは政治に対して責任を負い、組織が効率的によりよいパフォーマンスを出すということには十分注力されてこなかったのではないか。

　行政組織の経営システムのあり方を改革しなければ、実務能力は先細るだけである。

組織は目的を達成するための仕組みであり、官も民もない

　行政組織というものは、おそらく日本だけでなく世界でも、民間の組織とは何か異なるように捉えられているだろうが、「組織」の意義は、特定の目的をより効果的、効率的に達成するために組成されているという点において差異はない。一人ひとりの個人が作業したほうが高い成果を出せるなら組織はいらないだろう。

　企業は利潤追求のために設立されるわけではなく、社会に対して製品やサービスを通じて価値提供するために存在している。何らかの社会価値の実現をするべく、継続的に製品やサービスを提供し、さらによいものを開発するための資本が必要だからこそ利潤を追求するのである。

　一方で、行政組織は、社会価値の提供が前提となっているからこそ、税収という形でその資本を集積している。政策の成果評価は難しいといわれるが、それは提供すべき価値を特定していないからではないだろうか。

　とはいえ、企業についても、社会に対してどれだけの価値を提供しているかを金銭だけで換算することが本当に正しいのかは議論があるところだ。

　外部環境の変化に対して、それまでと同じ既存の経営システムで対応しようとしても成果が出ないのは行政組織も同じである。民間企業では時代の変化に対応して組織経営の仕組みを継続的に改善し、次々と新しい経営システムが生み出されている。行政機関はその例外たり得るのだろうか。行政組織の経営システムのアップデートが求められてきたのに、採用された人材の能力に依存し、組織のパフォーマンスを高めるという観点が十分でなかったことが、明治時代以降、我が国の行政組織の

経営システムが変わらない理由と思われる。

よい組織でなければ、よいサービスは提供できない

　現在、テック企業がなぜ世界中で使われる製品やサービスを提供できているのかといえば、それを実現するために必要なスキルを持った多様な人材が適切に連携し、事業を行っているからである。彼らが高い付加価値を生み出せるのは、優秀な人材を集めることができるだけでなく、提供するサービスに対する理念や考え方を共有し、それぞれがその実現に向けて能力を発揮できる経営システムが組織に実装されているからである。多くの行政組織、民間企業でデジタルトランスフォーメーションを叫んでも、それが実現できないのはこの経営システムがそろっていないからだ。

　多くの組織では、「何をデジタル化するか（What）」ばかりが議論されがちで、「なぜデジタライゼーションが必要なのか（Why）」や「どのようにしてそれを実現するのか（How）」が抜け落ちている。組織の経営システムはこのWhyとHowを規定するものであり、これらがそろっていなければWhatであるデジタルサービスは提供できないのだ。

　デジタルサービスに限らず、組織の実現すべき価値とそれをどのように実現するかの手法が適切に設計されていなければ、政策・サービスを効率的、効果的に提供することはできない。まず「よい組織」が構築できなければ、いくらすばらしい政策案を思いついたとしても「よいサービス」として国民に届けられないことは明白である。

　行政組織は目の前の課題に追われ、その解決を急ぎ、結果として緊急ではないが重要な対応を怠ってきた。その最たる例が業務のデジタル化の遅れであるといえる。データのやり取りで完結できる業務を、人が一度、PCでドキュメントを作成し、それを紙に印刷して、関係部署の職

■「よい組織」でなければ「よいサービス」は提供できない

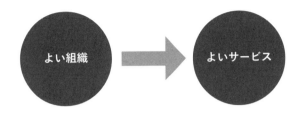

員に確認してもらい、またその結果を紙からデータにするといった業務の進め方をしている場面が、行政組織ではいまだに多く見られる。こうした行政内部事務の非効率な現状が行政サービスの一つひとつの処理を遅らせ、職員の負担を増大させているだけでなく、結果として、利用者である国民にサービスが届くタイミングが遅くなる理由にもなっている。また、行政官が仕組みを立案するところまでしか考えず、それをどのように執行するかは大規模なものであればあるほど外部の事業者に依存し、届け方については顧みないということが多く起こっている。これは、中央省庁と自治体の関係も同様であり、国全体で共通に行うべき事務を自治体に委ねて、その執行について中央省庁が把握できていないということが起きていると思われる。外部事業者にすべてを任せているため、事業の実態に関する情報を求められてもすぐに提供することができない、職員も把握していないといったことは起こりうる。利用者に自らの政策がどのように届いているのかわからないため、行政評価についてもどれだけの予算が使われたかのみを示すことができても、どのような便益を利用者である国民にもたらしたのかを示すことができない。

　こうした業務プロセスの改善についても組織の経営幹部がそれを課題と認識し、何に投資すべきか、人材の能力を最大化するためにはどのような施策が必要か、組織として達成したい成果は何なのかを明確に持ち

ながら経営システムを改善していかなければ実現しない。こうした新しい行政組織の経営システムを民間の事例等から学びつつ、インストールしていくことが行政経営システム改革で達成しなければならないことである。

■行政における施策実施の外部依存

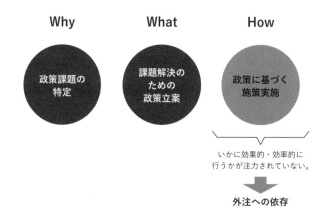

行政組織のパフォーマンス改善手法とその課題

　行政組織が施策を効果的に実行するうえで、その能力を改善する手法はさまざまなかたちが考えられる。これまで伝統的に採用されてきた方法から、現状ではまだ十分に検討されていない方法もあり、それぞれに利点と課題がある。ここではそのいくつかを整理してみたい。

1　外部の事業者に委託する（能力のある外部の力を借りる）

　行政組織のリソースでは処理困難である、リソースが不足するような業務は、外部事業者に委託することで事業を進めることが考えられ

る。これは伝統的に行政組織がやってきたことであるが、効率的に機能させるためには、発注者である行政官が誰に発注すべきかの専門性を持っていなければ効果的な事業実施が見込めない。この点が現在の公共調達の大きい課題になっている。

2　行政が取り組むべき政策の範囲を見直す（市場に委ねる）

　行政組織のリソースで提供すべきサービスの範囲を縮小し、市場メカニズム等で解決できる範囲を拡大していくことで経営の効率化が可能である。企業でいえば事業の売却や別会社へのスピンオフなどが考えられるが、行政組織においても公共事業の民営化やPFI等を通じてこうした取り組みが進められてきた。一方で、市場に任せたとしても、民営化された事業体が規制等によって引き続き効率化されず、うまく作用しないといったケースもある。

3　能力ある人材を採用・内部化して実施する（内部の人材の実行能力を強化する）

　外部委託、市場化を機能させるためにもエキスパートの採用が非常に重要なポイントとなる。関係分野の専門家を採用して内部化することができれば、受注先の実力評価や委託業務のコスト感覚を持って評価できるほか、十分な人数がいれば内製化することもできる。一方で、エキスパートを採用するためには行政組織自体がそういった人材が活躍可能な環境を整備することが重要なポイントとなる。

4　業務プロセスの見直し・IT投資を通じて効率化する（機械で人の役割を代替する）

　業務プロセスの無駄をなくし、人がやってきたことを機械に代替させることができれば、より人が注力すべき業務に人的リソースを割くことができる。一方で、公共部門のシステム構築は、これまでは外注が中心となっており、行政官の情報システムに関する知見の欠如等から適切な発注ができず、効果的なIT投資をできていないケースもある。

5 利用者と共に解決手法を考え、実践する（コミュニティによる課題解決）

　特に自治体等ではすでに取り組みが進んでいる部分もあるが、市民をはじめ、さまざまなステークホルダーと共通の便益のために、金銭を介さずに新しい解決手段を適切な役割分担で行っていくことが可能である。一方で、その手法については、どのようなやり方が適切なのかまだ方法論が確立していない。

　伝統的には行政組織で賄えない能力について、1、2の手法が取られてきた。これは過去の行政改革で取り組まれた内容を見てもわかる。一方で、外部化、市場化することによって行政組織内に知見やデータが残らないばかりか、コストも高くつくといった負の側面が顕在化している。これを乗り越える方法として、3、4、5があるものと考えられる。しかし、これらを実現するには、既存の行政組織の慣行と異なる組織文化や行動様式を導入することができなければパフォーマンスの改善につなげることができない。

　企業経営においては目標に対して事業戦略を立て、それに合わせてリソースである資本と労働力を配分し、成果を最大化することが求められる。行政組織においては事業戦略＝政策の基本方針、資本＝事業予算、労働力＝行政官の人数×能力と考えられる。しかし、そのそれぞれの要素に関して現状の行政組織には欠陥があるように思われる。

組織の目的が適切に位置づけられ、それに合わせて事業が評価されているか

　各行政組織には設置の目的がある。しかしながらその目的の定義は、

時代の変化によって変わっていく。たとえば発展途上の経済状況と成熟した経済状況において経済官庁が目指す目的は異なるだろう。組織が存在する目的を時代に合わせて言語化し、それを職員と共有できているかが職員のモチベーション維持においても重要になると考えられる。また、行政組織は多様な政策分野のポートフォリオを保有している。どの分野に優先的に投資すべきかは、社会の状況などの外部環境を捉えたうえで緊急性、重要性の観点から考えていく必要がある。また、これまで取り組んできた事業の成果を通じてその継続を判断すべきだが、これが十分評価されておらず、一度始めたものが維持される傾向にある。組織の目的に対して政策がどのように貢献し、現状の社会課題をどのように解決しているかという目的に合わせた資源配分がなされなければならないが、これが十分に機能していないと考えられる。

資源が組織能力を最大化するよう
適切に配分されているか

　行政組織の予算は大きく分ければ、①事業費と②組織運営費の2つに分類できる。

　①は、政策を実現するために投下される費用であり、多くは外注することによってその配分が実施される。しかし、前述のとおり、外注の結果として施策実施のナレッジが組織に蓄積されず、効果的に政策を届ける方法を行政組織が理解していない状況が起きている可能性がある。ナレッジが蓄積されないので、行政官はどういった事業者に発注したらより効果的に政策を届けられるかという目利きの能力も低下していると思われる。

　②は、公務員の人件費や、職場の生産性改善のための経費であり、こ

れまで行政改革の名のもとに削減されてきた。加えて、IT投資による業務の効率化が軽視され、行政官の能力に依存し、酷使することによって、オペレーションを成立させてきた。つまり、組織のパフォーマンスをIT投資（生産性向上の投資）の代わりに追加的な人的労働（残業代）に投下することで維持し、生産性の改善を行ってこなかった。公務員の残業の多くはこの帰結であり、そこに手を打ってこなかったツケが若手行政官の退職増加である。

　事業のパフォーマンスを高めるためには、資本と労働力への資源配分を最適化しなければならないが、過小なIT投資と人件費の削減、新卒中心の採用体系を通じて本当に必要な能力を持った柔軟な労働力の確保ができなくなっている。

継続的に組織パフォーマンスが発揮される人材採用と人材育成がなされているか

　予算の効果的な執行が、組織内の職員の能力に左右されることは前述のとおりである。行政組織の活動で、①効果的・効率的に政策が国民に届かない、②行政組織のオペレーションの生産性が上がらないことの理由は、それぞれに対応する能力を持った人材の欠如である。

　①が生じる理由は、行政官が2年程度のローテーションで変わる一方、各政策分野の専門性は深化しており、担当者が担う専門性に限界がある。行政官も、政策課題が何か、それを解決する政策が何なのかを特定することが難しくなってきている。環境変化が早いぶん、各分野について知識を有する専門家を外部から行政組織に採用することで内部化し、その人材と行政官が連携して政策を検討していくことが重要となる。外注をする場合でも、こうしたエキスパートが内部にいることで、

より効果的な政策実施につながる可能性がある。特に大きな予算規模であるほど、専門人材を採用して内部化するほうが、外部事業者に支払う事業費も低減でき、費用対効果を高められる可能性もある。すべてのスキルを持つ万能な人材はいないことを認め、人事戦略を見直す必要がある。

②についても業務のデジタル化を進めるにあたって、十分なIT専門人材を組織が抱えていないがゆえに効果的なIT投資が実現できず、生産性を高めることができていない。また、デジタルサービスを前提とした組織となるために内部でもそういった人材を育てる必要があるのに、組織を経営する立場の人間がそれを重要な取り組みとして認識せず、教育に対する投資がなされていない。

バックオフィスの無駄な紙作業は政策担当の行政官の業務負担にもなっており、組織全体の生産性を下げることになる。バックオフィスのIT人材配置が組織の生産性向上にとって意義があるにもかかわらず、短期的に求められている政策課題への対応を優先して、中長期的な生産性向上への投資を軽視する、もしくは考えていない行政組織が多いのではないか。優先している政策対応よりバックオフィスのデジタル化を進めることのほうが、より政策対応にリソースを割くことができるようになる点に目を向けていないのではないか。

組織経営システムのモデルチェンジ

行政組織の非効率を解消するには、短期・中長期の課題対応をバランスさせ、何に優先順位を置くべきか、予算をいかに効果的に執行し政策を届けるのか、外部人材の登用、人材育成、IT投資などを通じて組織の生産性をいかに高めるのかなどに課題がある。

その解決として、①組織のミッション、ビジョン、バリューを再度定

義し、それに従い資源配分の優先順位を考える、②外注と組織内部の労働力のパフォーマンス最適化を目指し、専門性に優れた能力を持つ人材を組織内部に取り込み、現職の行政官と協働する環境を構築することで成果をより効率的、効果的に上げられるようにする、③デジタル技術の活用を通じて非効率な業務を自動化し、より付加価値の高い業務に職員が取り組める環境を整備する、といった形で行政組織をアップデートしていく必要がある。

　経営システムの見直しは、緊急性は高くないが非常に重要であり、組織がパフォーマンスを高めるために継続的になされるべきである。緊急で重要度の高い政策的な意思決定が優先された結果として、行政組織の経営に関する意思決定が後回しにされている。気づけば緊急で重要な課題にも柔軟に対応できる能力が組織から失われているのではないか。

CHAPTER 4

行政における
ジョブ型人事戦略

人口が減少するなか、個人の能力を最大限活かし、それぞれの専門性を組み合わせることにより、成果を出していく組織のあり方が求められる。キャリアが多様になり、個人が仕事でどのようなスキルを磨き、どのような人生を歩みたいのかを主体的に選べるようにもなった。このような背景から、ジョブ型の人事制度の重要度がより増してくると考えられる。エキスパート人材も自分のスキルを活かせなければ、行政組織で成果を出すことは難しい。また、どのようなポジションにどのようなスキルを持った人材が必要なのかを考えるには、従来の行政官のスキルもジョブ型人事として可視化される必要があるように思われる。人事院人事行政諮問会議の中間報告（2024年5月）[1]においても、ジョブ型の人事制度導入の検討結果がまとめられており、職務をベースとした人事制度・運用に基づくマネジメントと報酬水準や、自律的なキャリア開発と成長支援、魅力ある勤務環境などが掲げられている。本章でも同様の考えから組織パフォーマンスを高めるために人事戦略としてどんなことを考えるべきかを整理した。

行政組織への外部エキスパートの採用

　私が経済産業省で行政サービスのデジタル化を進める際、海外の事例なども参考にしながら民間で活躍してきたITエキスパートを組織内に採用し、彼らと協働することによってデジタル化を加速させる取り組みを行った。デジタル庁でも同様にさまざまな分野のエキスパートと連携しながら働いていたが、これにはいくつかの意義があり、デジタル分野に限らず、すべての政策分野において重要なことである。

---

[1]　人事院「人事行政諮問会議 中間報告（2024年5月）」https://www.jinji.go.jp/content/000003713.pdf

エキスパートのスキルを組織内の業務に活かす

　外部人材登用の目的は、組織内の人材が持っていないスキルを補うため、それを持った人材を採用し、必要な業務に活かすことである。デジタル化でいえば、ITサービスの開発に関するスキルを持った人材が組織内に十分いないため、そのスキルを組織内で活かしてもらうためにエキスパートを採用している。他の政策分野においてもエキスパートを採用する意義は大きい。たとえばバイオテクノロジーの政策を進めるなら、その専門家にヒアリングしてまとめるより、内部で専門人材を採用してその人に考えてもらったほうがより早く本質に迫ることができる。政策を策定する際、業界団体等の意見を聞くがそこには利害が含まれる。業界として求めている利益と、社会のあるべき本当の姿とにズレが生じるとき、その業界への知見が浅い行政官であると、相手の言うことを鵜呑みにしてしまうリスクがある。一方で、もともとその業界のプレイヤーだったエキスパートであれば、そうした点にすぐに気づくことができる。プロパーの行政官と連携して目指すべき政策の方向性を共に考えることで、早く、より解像度の高い検討ができるだろう。当然、外部から入ってくる人材が前職の利害を行政に持ち込み、利益相反が起きないようなガバナンスは重要であり、デジタル庁でもこうした点に配慮している。

エキスパートの知見を組織のナレッジにする

　エキスパートが内部に採用されることで、その専門性を組織のナレッジとして蓄積できる。デジタルサービスを開発する際にどういったプロセスを取るべきかを整理して、組織内のガイドを整備していくといったことだ。ナレッジの蓄積も一から素人が調べて行うよりは、エキスパートを内部化し、連携しながら整備するほうが早い。ある分野で継続的に成果を出している人は再現性が高く、これを実現する方法を知ってい

る。そうした人の知見を言語化し、規範として蓄積することで、専門的な業務であっても組織内で処理できる範囲を拡大できる。エキスパートからの組織的な学習がなければ、毎回事業者へ委託するなど外部に依存するしかなくなり、組織能力は高まっていかない。

エキスパートから学ぶことで専門能力を持つ職員を増やす

　これまで行政組織で働いてきた行政官もエキスパートと共に働くことで、エキスパートの考え方やスキルを効率的に身につけることができる。経済産業省で行ったITプロジェクトでも、エキスパートと一緒にそのプロセスを進めた行政官が、結果としてITプロジェクトマネジメントのスキルをOJTのような形で身につけていくケースがあった。その他の政策分野においてもエキスパートと仕事を共にすることで、その業界の思考パターンなどを早く習得できるだろう。異なる能力を持つ人材との協働は、同質な行政官の間以上に多くの学びの機会を組織にもたらし、職員のスキルアップにつながる。

■デジタル化におけるエキスパート人材（プロジェクトマネージャー）の役割

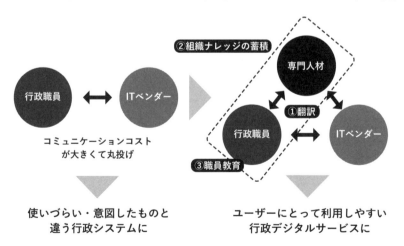

行政組織がエキスパートを採用する意義

　上述のとおり、組織の専門能力強化、ナレッジ蓄積、人材育成の3つの点が外部のエキスパートを採用する意義である。行政組織の人材流出が進むなか、中途採用による人材流入は追いついておらず、これを放置していれば純減となってしまう。そのため、既存の行政官は組織の経営や政策のマネジメントを中心に行い、外部から採用するエキスパートを増やして連携しながら政策運営を行うモデルを作っていくことが重要ではないか。現状の行政人事のローテーションにより生じる継続的な政策対応ができない問題も、エキスパートについてはもっと長期の任期を設定することで対応できると考える。

　日本の行政組織の特徴は、繰り返しとなるが、人口に対する公務員の数が少なく、外部委託によって事業を実施するケースが多い点だ。人件費を削るだけで委託先の適切な目利きと連携ができていなければ、費用に合った事業の効果を達成することができず、外注費が増えるだけとなりかねない。目利きや連携についても委託内容が専門的であればあるほど、内部側にもそれを見分けられる人材が必要となる。専門的な知見を有した人材が内部にいれば適切な事業者の選定につながる。加えて、知的労働を伴う業務委託の調達価格についても、その難易度を理解できなければ、適切な価格判断ができないものも多い。賢い発注者となるためにも、外部のエキスパートを内部化することが大きな意義を持つのではないか。このように、組織能力向上だけでなく、外部委託のクオリティ向上の観点からも行政組織のエキスパート採用は重要となる。

　ただし、エキスパートが行政組織内部で活躍できるためには、彼らが能力を発揮しやすい環境や待遇を行政組織側が整備することも必要である。業界水準の給与や、労働環境の柔軟性、正職員としての位置づけの確保といった点を整備する必要がある。外部から流入する人材を受け入れるうえでも、組織文化のあり方が重要となる。この点は次章で述べる。

■民間からの専門人材採用におけるポイント

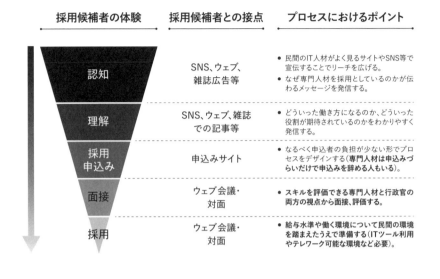

行政組織はコーポレート部門のスキル専門化が弱い

　企業では、人事、財務管理、広報といった機能はそれぞれの専門人材を育成もしくは外部から採用して管理を進める。行政機関ではこれらの人材もローテーションとなっており、専門性が十分に確保されていないゆえにパフォーマンスが十分発揮されていない部分もあるのが実状だ。

● 人事部門

　時代に合わせた人事制度のアップデートが十分されていないため、組織として必要な職員能力のマネジメントと職員の意向を尊重したキャリア形成がなされず、組織の都合でリソースが足りないところに人材を充てる、といった人事が行われる傾向にある。職員のモチベーションを維持し、人材の能力を最大限引き出すにはこうした傾向を是

正する必要がある。そのためにはデータに基づく人事管理（ピープル
アナリティクス）の導入も重要となる。

●財務部門

　行政組織の財務は、国家予算、地方予算との関係で独自の会計ルー
ルがあるため、単純に民間人材で代替できる機能ではない。企業の場
合、売上や収益性を示さなければいけないため、財務が業績評価とダ
イレクトに紐づいており、業績まで連続した評価を行う専門性が求め
られる。行政の場合、予算管理と政策評価が分断されているだけでな
く、その評価のあり方に関する専門性が確立されていない。加えて、
これは構造的な課題だが、特に中央官庁では機構定員という制度に基
づいて総人件費が厳しく管理されており、必要な事業に応じて新しい
スキルを持った人材の採用の予算を柔軟に分配することも難しくなっ
ている。

●広報部門

　各政策の広報はプロジェクト担当者に任されており、広報部署の役
割は、どちらかといえばリスク管理の観点から情報発信を考えること
が中心となっている。どの政策を効果的にPRしていくのかなどの戦
略がなく、どのチャネルを組み合わせて発信していくかといった点の
専門性も現場の職員の感覚に依存している。また、職員が組織に帰属
意識を感じられるような組織内のコミュニケーションデザインも十分
にはなされていない。

既存の行政官の役割をジョブ型に見直す

　人材が外部からも入る形で組織経営を目指す場合、既存の行政官採用
のあり方や、採用された人材の配置についても設計し直す必要がある。
中央官庁の総合職の試験区分は以下のように設けられているが、この試

験区分と関係なく、官庁訪問を通じて採用が進む。受験者が就職したい
省庁の面接を受けて採用されるため、必ずしも自分の出身学部の知見を
活かすような職場につけるかはわからない。官庁訪問では人物本位の面
接が中心となるため、各省庁でどこまで試験区分を見ているのかは不明
である。多くの省庁では入省者にどこまでその分野の知見を期待してい
るかはわからない。

<総合職の試験区分>
【院卒試験区分】
　　行政、人間科学、デジタル、工学、数理科学・物理・地球
　　科学、化学・生物・薬学、農科学・水産、農業農村工学、
　　森林・自然環境
【大卒試験区分】
　　政治・国際、法律、経済、人間科学、デジタル、工学、数
　　理科学・物理・地球科学、化学・生物・薬学、農科学・水産、
　　農業農村工学、森林・自然環境

　一方で、法務省では司法試験合格者を対象とする法務区分が、厚生労
働省では医系技官[2]と呼ばれる国家医師資格を持つ者を対象とした総合
職のポジションがある。獣医区分（農林水産省）や意匠区分（特許庁）
等、総合職相当の採用でありながらその専門性を軸に採用している省庁
もある。このほかにも、各省庁における各分野の専門職員の採用区分が
ある。法務省専門職、財務専門官、国税専門官、食品衛生監視員、労働
基準監督官、航空管制官、海上保安官などは、その専門領域を担当する
ことを期待されて就職することから、ある程度求められるスキルが特定

*2　厚生労働省 医系技官 採用情報「医系技官とは」
　　https://www.mhlw.go.jp/kouseiroudoushou/saiyou/ikei/about/overview.html

されていくものだろう。一方でこういったポジションも全体の割合から
いえば限定的であろう。

　組織経営に関しては、中央官庁では引き続き、事務官（文系）、技官
（理系）での昇進ポストが指定されているケースが多く、事務官が組織
のトップとなるポジションに着任することが多い。これは旧帝国大学の
法学部が官吏養成学校の性質を持っていたことに起因すると思われる。

　組織経営の能力はそれ自体が1つのスキルであり、これを育成する仕
組みを組織内に組み込む必要がある。人事院や各省庁の人事部門によっ
て管理職になる際にはマネジメント研修は実施されているが、十分な時
間が割かれていない。どちらかといえば人事管理の観点が強く、リソー
スマネジメントや、政策のディレクションにおいてどのような役割を果
たすべきかの観点が弱い。実際には中央官庁では管理職になる前の課長
補佐や、場合によっては係長であってもチームをリードし、成果を求め
られる場面は多く存在する。自分の体験からもこうした役割が求められ
るにもかかわらず、現場の業務でそのあり方を学ぶことが多く、自分が
一緒に働いた上司の影響を受けることが、よい意味でも、悪い意味でも
大きい。総合職で求められるスキルや業務が言語化されておらず、形式
知化していない。その結果として総合職の行政官の行う業務がブラック
ボックス化し、自主的にマネジメントを学ばなければ、そのスキルがな
いままに管理職のポジションに就くといったことも起こりうる。

行政官が行っている仕事をスキルベースで分解する

　行政組織で働いてきた経験上からどのような業務があるかを分解して
みると、以下のような役割に切り分けられるだろう。

●マネージャー（総括）

　組織がうまく機能するように各部署やプロジェクトの結節点とな
り、事業運営を支えるポジション。係員、係長、総括補佐というライ

ンになっている。事業間の調整だけでなく、チームの人材管理、予算管理なども実施する。また、その組織のミッションや政策全体のリーダーシップを示すのは総括補佐の役割でもある。

●プランナー（政策企画）

　具体的に実行する政策を立案する役割。関係するステークホルダーのインタビュー、データの分析等を通じて仮説を立て政策を形成していく。企画は税制改正や法律改正、予算事業など。どのツールを使えば政策目的を効果的に実施できるかを考え、施策を立案する。現在の行政官は他の事務に追われて企画の時間を十分に確保できないことが、ハードルになっている部分もある。

●プロジェクトマネージャー（事業執行）

　確保した予算、人員をマネージしながら政策の執行を行う役割。基本的にはプランナーがそのままプロジェクトマネージャーとしてその実施の責任を担うケースが多いが、ジョブローテーションとの関係で企画者と実施者が違うこともある。また、これまではこの実施フェーズが軽視されているがゆえに、実際の政策効果が十分発揮できていないケースもある。

●リーガルマネージャー（法令担当）

　行政組織は法令に基づく制度を管理、運用する。特に法律改正においてはタコ部屋と呼ばれるチームが結成され、法令改正の検討を行う。おそらく法令執行、改正の分野の専門性を持った人材がアサインされることが求められるだろうが、現状では法令の素養がない人材がアサインされるケースも多い。

　基本的には上述したようなポジションが総合職の行政官が果たす役割である。リーガルマネージャーの仕事はそもそも法案、制度の策定・運用という業務自体が民間企業にはないと思うが、企業の法務担当は制度

を解釈しながら事業に適用していくという点では、裏表の関係にある。実際に、弁護士などが行政組織に出向しているケースも一部ある。

行政組織の特殊性とは何なのか

行政組織が公的存在であるがゆえに、その業務は新卒で行政組織に入ったものしかできないといった考えがあるとしたら、それは本当にそういえるのだろうか。

●国会、住民への説明責任

国に関していえば、中央官庁は国民に対して説明責任を負う。このため、国会の質問に対応することが求められる。民間企業でいえば株主総会に対応するようなものだろうが、通常国会は1月～6月の半年、また近年は、臨時国会が10月～12月の3か月間開催されている。つまり、政策の企画、実施を行いながら並行して9か月もの間、国会に対応している。また、国民からの情報開示請求にも対応する。そのため、公文書の管理も厳格なルールのもとで行われる。自治体では国民を住民と置き換えれば、同じような状況だろう。こうした対応が専門性を伴うものかといえば、一定のプロトコルを理解できれば行政官でなくても対応可能なのではないか。

●公益の追求

一般的に、行政組織は公益の追求を行う点で民間企業と異なるとされるが、実際には民間企業であっても社会に対して付加価値を生まなければならず、必ずしも行政組織だけの特殊性ではない。公益追求のために社会ルールである法令を国民の代表による国会を通じた合意を前提として変えられること、税という形で金銭を集約し、公益のために再分配することが行政組織の特殊性といえるだろう。

また、企業の場合は特定の利害関係者との関係性をマネージすればよいが、行政においては社会に存在するすべてのステークホルダーに

配慮することが求められる。この点が行政組織で働く人材の視座として特殊な部分であるが、これも働くなかで身につけられるだろう。

官民の違いを踏まえたジョブ型経営の方向性

ここまでは、行政官がやっている仕事を切り分けるとともに、官民の組織の違いについても見てきた。

行政官の仕事も、基本的には民間企業の組織マネジメント、企画、プロジェクトマネジメントと果たすべき役割は変わらない。政策領域が深化する今、こうした業務はそのドメイン知識を持った民間出身の人材が行うことが可能である。ただし、上で述べたような公共部門で働く者としての視座や国会等の対応は事前にオンボードが必要だろう。

また、コーポレート部門についても各業務の専門性を再度確認し、そ

■行政官のスキルをジョブ型に落とし込む

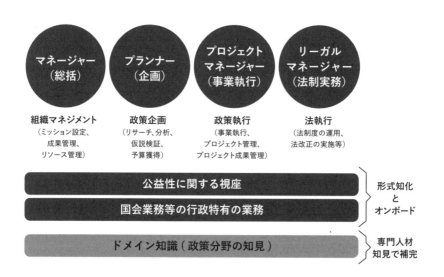

のスキルを持つ外部人材の導入およびその能力に特化した内部人材育成を通じて組織マネジメントを強化する必要がある。多くは一般職がコーポレート部門の役割を担うが、彼らもそれぞれの専門スキルを育成していくことが重要であり、総合職、一般職という分け方ではなく、何のスキルの専門性を持ちたいかで人材を育成していくフラットな仕組みが求められる。

基礎スキルおよび専門スキルとしてのデザイン、デジタル、データ

デジタル化が進むことで、すべての業務がデジタルを前提としたものになる。そのため、①利用者の立場に立ったデザインアプローチの理解、業務フローの整理、②業務をデジタル化するにあたっての基礎的な知見、③デジタル化を通じて蓄積されたデータを有効に活用できるようなデータリテラシーの３つは、基礎的なレベルではすべての職員が学ぶべき内容である。

加えて、これらをより専門的に行う①サービスデザイナー、②プロダクトマネージャー、③データアナリストなども行政職員のキャリアパスとして確立し、この職種は民間からの採用人材とも同じレベルを維持できるよう、キャリアが築けるようにしていくことが考えられる。デジタルサービスを内製する場合には、UI/UXデザイナー、エンジニア、アーキテクトなど、さらに細分化した人材の体制が必要になるが、まずはこれらのような人材がそろっていなければ外注する場合にもオーナーシップを持ったデジタルサービス開発は難しい。

■行政官でも最低限用意すべきデジタルキャリア

組織を支えるデジタル人材として外部人材だけでなく
プロパー行政官も専門キャリアトラックを取れるように育成する

**サービス
デザイナー**

- 利用者を中心とした
  サービスの設計
- サービスに関わるアク
  ターのプロセス整理

**プロダクト
マネージャー**

- サービスを開発・運用
  するチームのマネジメ
  ント
- サービスの運用や改善
  のディレクション

**データ
アナリスト**

- データを利活用する環
  境の整備
- データの可視化、KPI測
  定等からのインサイト
  の抽出、提案

形式知化を進め、役割分担をより明確にする

　前述のとおり、スキルベースでの役割整理を通じて、これまでは行政
官にしかできないと思われていた業務を外部人材でもできるようにす
る、その専門知を活かせる環境を整えることが組織のパフォーマンスを
高めるうえで重要と考える。

　同時に、それぞれのポジションが行う業務をどの部署に異動してもス
タートできるような形での形式知化も重要である。現在の公務員人事で
は約2年程度で部署が変わるため、そのたびに新しく配属された部署で
行われている情報管理や業務の進め方に慣れなければいけないなどの課
題がある。そもそも、この2年でポジションが変わることにも弊害があ
ると思われるが、この点は後述する。業務の進め方の標準が定められて
いないため、その部署を固有の管理手法に合わせなければいけない。

管理職についてもどのようにマネジメントを進めていくべきかの方法論が確立していないがゆえに、個人のやり方に強く依存することになり、上司の性格によって部署のパフォーマンスが大きく変わってしまう。管理職がマネジメントとしてどのような役割を果たすべきかについても明確化する必要があるが、現状ではこれが十分になされていない。

　マネジメントスキルが定式化されていない弊害は、もっと効率的、効果的にチームの能力を発揮する手段があるにもかかわらず、それを知らないことによって、非効率かつ人材の負担が大きくなってしまう点だ。現在の行政組織では、働いている時間に応じて残業代が支払われる仕組みになっており、非効率に働くことで残業代をもらおうというインセンティブが存在しうる。この結果、生産性の高い働き方がそもそも足を引っ張られている。

　前述のようにジョブ型の業務分担を進め、人材管理を進めていくには、各部署で働いた結果、どのような能力が身につくのかを明確にしなければ、職員のスキルを定義できない。スキルの定義には業務がある程度標準化されていなければならない。スキルとは同じ類型の業務を行う能力があることを定義したものだからだ。

　業務の標準化を通じて、①同じ業務について組織全体としてより効率的な手法にそろえていくことができるとともに、②人材間の役割分担をより整理しやすくし、③その業務を通じて得られるスキルを明確化にすることで同じ役割を求められる部署への人材配置がより容易になる。こうした業務の整理を通じて、人がやらなくてもよい仕事は機械に任せるといったオプションも探れるようになり、職員が本来行うべき業務により注力可能になることも考えられるだろう。

　加えて、留意すべき点として、年功序列の見直しが挙げられる。たとえばデジタルの分野に関する意思決定は、デジタルネイティブな若手のほうがより適切なケースもある。この20年、インターネットによって

世の中が大きく変わったことを考えれば、それに大きく影響を受けた人とそうでない人の間には大きな考え方の差が生じる。当然、ベテランであってもその重要性を理解できる人もいるが、各職位のレベルで適切なテクノロジー導入の判断がなされない場合、とその影響は計り知れない。民間IT大手企業でも早期退職をシニアクラスに求めるケースが出てきているが、リスキルにも限界があるといった課題を乗り越える手段としてこれが取られていると思われる。

　環境に合わせて意思決定を早くするには、人材の成果とポテンシャルを見極め、年齢に関係なく優秀な人材が意思決定していく仕組みを組織内に構築しなければ、改善が見込まれないだろう。少なくとも、今後デジタル化を注力する行政領域についてはこうした人事を進めるべきではないだろうか。

行政組織の人事ローテーション

　前述した2年ごとの異動のローテーションにはいくつかの意義があったと考えられるが、それぞれの点について、課題も存在する。

　まず、職員にさまざまな部署を経験させることで、多様な分野の知見およびスキルを身につけさせることである。一方で、前述のとおり、それぞれの部署でどのような能力が身につくのか可視化されておらず、そもそも各政策領域の専門性が高くなっている状況で、2年間で特定の専門性を身につけることは難しい。

　次に、特定の部署に長くいることで生じる、その分野の事業者やステークホルダーとの癒着関係の防止目的がありうる。90年代に官僚による汚職等がメディアで取り上げられ、信用が失墜したことなども影響し、公務員倫理法が2000年に施行された。一方で、本当に自分が関わる関係者と信頼関係を構築し、その政策分野のあり方を本質的に意味あ

る形で変えていくためには2年でできることは限られている。

　癒着等の不正が起こるかどうかは、本来担当する職員自身の倫理観によるところが大きいはずであり、そうしたことが起こらないようにするためのインセンティブ設計は他の方法で行うことも可能だ。たとえば、不正を犯した場合の罰則を非常に強いものにすれば、そうした行動の抑止力になるはずだ。人事ローテーションという手段が不正防止の目的に対する効果以上に、組織のパフォーマンスを低下させる効果を大きくもたらしているとすれば、これを見直すことのほうが合理的に思われる。

　また、人事ローテーションを2年としていることが、人材配置のタイミングを定期化して効率的にコントロールしようとする目的だとしても、その人事配置が本当に配置された職員の能力を活かすことや、組織のパフォーマンス改善につながらないのであれば、それもまた、手段が誤っている可能性がある。他国では、ポストが空いたタイミングでそのポストへの異動を希望する職員が面接をして、それに従って異動を決めるポスティング制度を採用するところもある。このように、さまざまな観点から現在の行政組織における人事ローテーションが組織のパフォーマンスを阻害しているように思われる。

職員の実現したいキャリアに向き合う

　職員の側から見たとき、現状の行政組織の人事ローテーションがどのように見えているだろうか。どの政策分野、どのスキルを伸ばしていきたいかが明確な職員にとっては、それが実現できるポジションにアサインしてもらえないこと自体がモチベーションの減退につながる。就職活動の際に、どのような仕事をしたいのかを語り、それを実現したいと思って入った職員が、組織の都合でまったく異なるポジションに配属されることは多い。また、その配置が、組織として職員に特定のスキルや

学びを深めてほしいとの考えから行っているとしても、明確にその意図を説明されることが少ない。

若手職員が辞めていく理由として、その組織でどんなスキルが身につけられるのか、自分が描くキャリアに対してどんな形で自己実現ができるのかがわかりにくいことが大きな課題となっている。この点に対して、人事がきちんと仕組み化して応えていくことが重要であると思われる。総合職という採用の仕方がこうした職員側が自分のキャリアについて考えることを組織の都合で放棄させようとしているように見える。

人が能力を最も発揮するのは、自らの仕事に意義を見いだし、それに打ち込める環境があるときだ。そうした個人の思いと組織が達成すべきビジョンが一致したとき、その組織に対する貢献も大きくなる。こうした職員の仕事に対する思いや、キャリアの考え方を尊重することが、真に組織のパフォーマンスを向上させることを、人事部門は認識する必要がある。

特に中央官庁において大きな組織の損失となっているのが、留学した人材の退職である。明治時代からある官僚の留学制度は、海外の知見を学び、国内にそれを持ち帰って行政に活かし、その改善をもたらすことを期待して設けられた制度だった。一方で現在、多くの中央官庁では、留学から帰国した人材に対してその人材が学んだことと関連するポストを用意せず、結果としてその人材が民間企業に転職していく事態が多く生じている。皮肉にも、留学の学位がその職員の能力を証明するものとして機能している。行政官がどのようなスキルを持っているのかが明確化されていないために、採用する民間企業側がその人物の能力を測る代理指標として、留学実績を利用している。これは特に多国籍の人材を採用し、経営を行う外資系の企業において顕著である。

留学後の人材流出を打開するために人事サイドが考えることは、留学する職員が何を学んでくるのかを把握し、その人材がどのようなキャリ

アを描いているのかを理解したうえで、戻ってくるタイミングを逆算して人事を設計することである。本来留学する職員は、その組織にとって今後も高い付加価値を出してもらい、組織を担うことが期待されているはずである。

　留学派遣も組織から見れば1つの投資である。その期間、留学する職員の労働力を失う代わりに、その職員が留学から戻ってきた後にさらなる成果がもたらされると考えるから派遣するわけである。こうしたコスト感覚が行政組織に欠けている理由は、人事部門に配属される職員自体も、ローテーションによって次の部署ではそうした組織のリソース配分に対して責任を負わないからである。組織の要となる人材のキャリアを把握し、その人の希望するキャリアと組織が描く方向性を一致させていく仕組みを組織につくり、人事部門の担当者が変わったとしても維持することが重要になる。

　加えて、職員側も自らのキャリアを組織に任せるのではなく、主体的に考えることが重要だ。本当に自分がやりたいことは何なのか、当事者意識を持って自分のキャリアを形成していく姿勢を持っていれば、人事に対してそれを強く主張することができるはずだ。そうした意識がない限りは、常に組織側の都合で自分の仕事を決められてしまう事態が起こる。組織から与えられた仕事に不満があるとしても、それに対して異を唱えなければ、それは自分の責任でもある。行政組織に入っても自分の意にかなった仕事をさせてもらえず、辞職しようと考えている人は、今一度その点を振り返ることが重要かもしれない。

　組織は自分が社会に対して価値を実現するための器であり、それを使い倒すことをせず辞めていくことは、当初は志を持って行政組織に入ったのにそれをふいにすることになるかもしれない。行政組織を辞めようと思うところまで思い詰めたのであれば、辞める前に自分がやりたいようにやってみてからでも遅くはない。

産業労働政策においては民間企業に対してはジョブ型雇用の推進や労働市場の流動化によって各人が自分の能力を活かして自律的なキャリア形成が可能な社会を掲げているが、これは行政官についても適用されるべきである。行政組織においても終身雇用や組織の論理による配属を前提とした行政官のキャリア教育を組織の整備と同時に進めていく必要がある。

組織の経営人材を育成するための
ファストトラック制度

　これまで述べたように、行政官の業務の形式知化とそれによって得られるスキルの明確化を通じて、より行政官が自分は何を強みとして行政に携わるのかを判断でき、対外的にスキルを明確化し外部からの人材流入にも対応できる柔軟な組織運営につなげることが重要である。加えて、組織の能力を高めるために、戦略とヒト（人事）、モノ（事業）、カネ（予算）の配分を継続的に考える組織経営人材の育成システムを真剣に考えるべきである。中央官庁では、大臣官房総務課が経営企画、会計課が財政、秘書課が人事を司っているが、これらが一体で機能していないために効率的な人材配置やパフォーマンスの改善が見られにくくなっている。

　官房は大臣や政務との関係でどのような政策判断を進めていくのかの決定が主な役割であり、主なクライアントが国であれば大臣をはじめとする政務となっている。会計部署は財務省、人事部署は人事院が主なクライアントであり、事業戦略、予算、人事が整合性を図りながら組織戦略を考えるという形になっていない。

　また、2年単位でポジションが変わっていくため、中長期的な視点か

ら組織のミッションに対してどのように人材、予算を投資していくのかを評価する機能が弱い。行政組織にもこれらを総合的に考えられる経営人材育成のプログラムを設け、特に組織の将来を担う人材には早い段階からその視点を持たせ、組織の将来にコミットさせることができれば、幹部の育成につながるのではないかと思われる。

　民間のグローバル企業では、優秀な人材を将来的な幹部候補として育成するプログラムをつくり、若手のときから経営判断を迫られるようなポジションを歴任させることで、将来の経営幹部を育てるといったことも行われている。こうした仕組みを行政組織に設けることで、短期的な自分の部署のみの成果でなく、組織全体としての成果を考えられる人材を多く輩出でき、より変化に強い組織になると思われる。当事者意識を組織に対して持てる人材が多ければ多いほど、その組織をよくしようという提案が多く生まれ、自主的に改善を行える経営システムが構築できるのではないか。

人事制度改革は行政経営改革の大きなポイント

　ここまでで見てきたとおり、職員が身につけるスキルや業務の標準化を通じて、これまで属人化していた業務を形式知化し、同じスキルを持った人材が入れ替わってもできるような形に職種を整理することによって、新卒だけではなく、中途で民間からも優秀な人材が組織に参画しパフォーマンスを出せるようにすることが重要である。

　こうすることで、職員をスキルのレベルで評価できるようにし、能力に基づいた業務へのアサインをよりしやすくすることが組織のパフォーマンスを高めると考える。多様なスキルを持つ人材がプロジェクト単位で連携して働く仕組みを実現することが、新しい政策課題が生じた場合にも柔軟に対応するための人材管理のあり方として重要になる。

加えて、職員が行政組織で働くことを通じて達成したいことに向き合い、それを実現できるポジションになるべく配属させてあげることも重要だ。職員側の思いが組織のビジョンを達成することに貢献する形でキャリアを選べるようにすれば、個人のパフォーマンスが発揮できるようになる。これを実現するためにもこれまでの2〜3年単位での人事ローテーションのあり方を見直し、ジョブ型の人材配置とともにもう少し長期で同じ業務にあたれる形に変えていくことが必要ではないか。行政組織としてもパフォーマンスが高い人材ほど辞めてほしくないはずだ。そのような人材の評価を継続的に管理し、適切にキャリアを提供していく仕組みを人事部門が持っていなければならない。優秀な人材ほど市場での価値は高いため、行政組織は辞めていってしまう事態に改めて向き合わなければならない。留学派遣した人材に限らず、特定の部署で成果を出して外部でも評価されている人材などは、常に辞めていくリスクがあるといってもいい。

　社会的意義があり、世の中に対してインパクトを与える仕事ができることが、行政組織で働く魅力の1つである。こういった声は、実際にデジタル庁で共に働く同僚や、経済産業省で共に働いた民間出身のメンバーから多く聞いた声である。そうした魅力をきちんと世の中に伝え、労働環境を整備することによって選ばれる組織にしていかなければ、行政組織の未来はないという危機感が必要である。

CHAPTER 5

行政のアップデートを促す
組織文化

組織文化はパフォーマンスを規定する

　組織がパフォーマンスを高めるためには、人材のスキルの高さと合わせて、いかにその人たちが連携し、より大きなインパクトを発揮するかの部分が重要になる。組織内の人材がより緊密に連携すればするほど、乗数的にパフォーマンスは向上する。これを支えるのが組織文化だ。組織に参画するメンバーが実現したい価値を共有することで、判断基準が明確になり、より自立的に動けるようになるとともに、その共通の理解の土台をもとに異なるスキルを持った人同士が連携しやすくなる。その結果、パフォーマンスが大きく向上する。

　終身雇用制は、雇用を保障することで組織文化を従業員に浸透させるための仕組みだったのが、いつのまにか形骸化して、その意義が忘れ去られているというのが多くの大きな組織で起きている現状ではないか。終身雇用制を用いずとも、その組織のミッション、ビジョン、バリュー（MVV）を言語化し、浸透させるための施策さえあればよいのに、終身雇用制が手放せず、組織維持の硬直性のみが残存した形となっている。当初の目的を見失った組織の仕組みだけが温存されている。

　組織にとっては必要なスキルを持った人材が重要な競争力の源泉である一方、採用される人材にとっては、組織は自分のやりたいことを実現するための"場"である。組織が達成しようとするビジョンと働く人材のビジョンが一致するとき、その人は意義を見いだし、高い能力を発揮できる。一方で、組織が達成しようとするミッションは必ずしも同じ方法で達成し続けることはできない。なぜなら、外部環境は変化し続けるため、目標の達成には組織も継続してそのあり方を見直さなければ、課題に対応できないからだ。組織の変化に合わせて、個人も同じ方向に変化していかなければ、そこにズレが生じていく。

　組織が成長するにつれてビジョンも変わっていく。その過程で組織を

離れていく人が出てくるのは、当たり前のことである。離職を否定することが、組織の変化を妨げるとともに、内部の人材が働きやすい環境を実現することを停滞させ、働く意欲を失わせる状況を生み出している。

忖度をやめ、実務にフォーカスできる組織

　組織で重視すべき目標が上司の満足度になってしまうと、その上司がいかに快適な状況をつくり出すかに仕事の焦点が置かれてしまう。このため、部下は目的に対して行うべきことだけでなく、自分の上司がどのようにしたら満足するかを考え、付加的な業務を行うことになる。これがヒエラルキーの多層化した組織で起こると、非生産的な業務が増加し、末端にいる若手の部下はなぜそれをやらされているのかの合理的な理由を得られないまま、大量の作業を行わされる羽目になる。現在の行政組織の多くでこのような傾向が生じており、若手の退職にもつながっているのではないか。

　こうした仕事はブルシットジョブの一種であり、組織の生産性を下げている。その作業が事業の目的達成に対するものか、上司を快適にさせるためのものかを峻別する必要がある。上司に快適に働いてもらうことで成果につながる面もあるが、その業務が上司による働き方の非効率で起きている場合は、上司側がその仕事の仕方を改めなければならない。たとえば、デジタルツールが使えないから紙で打ち出してもらうとか、幹部の覚えがよくなるように過度な資料準備を求めるといったことは、上司の工夫によって解決できることである。

　このように、上司に忖度する仕事の進め方、オペレーションのあり方を、組織文化が温存し、組織全体の負担や疲弊をもたらしているケースがある。こうした業務を減らし、より職員が効率的に働けるような組織文化を形成していくことが、実は部下の満足度も高め、より政策の立案

や実施といった本質的な業務に取り組める環境を整備することにつながる。ヒエラルキーの強い組織では、こうした非効率な業務を止めること自体が、上司への忖度によって妨げられる傾向にある。業務の目的に対してその作業が合理的なのかどうかを上司と部下がフラットに相談できる組織文化を築くほうが、組織全体にとってはより成果が上がりやすい状況を生み出せる。

■チャットツール導入の例

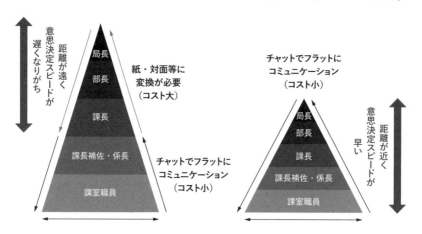

失敗から学び、次につなげる

組織文化で行政組織においてもう1つ重要な点は、失敗に対する組織的な姿勢の変化である。ここでは、目的に対して行ったアクションが、

期待される成果をもたらさず損失を生み出すことを失敗と呼ぶ。『失敗の科学』（マシュー・サイド 著、有枝春 訳、ディスカヴァー・トゥエンティワン、2016 年）では、こうした失敗の向き合い方が組織によって大きく異なることを指摘している。航空業界においては、飛行機事故といった大規模な失敗を詳細に分析し、それが再び起きないようにそこから学ぶことを徹底する組織文化が根づいている。それが、航空機事故が非常に少ない理由であるとしている。一方で、米国では病院の医療過誤が繰り返され、多くの患者が亡くなっている。これは医療組織が医師中心で失敗をするはずがないというエリート意識や、完璧性を求めることから生じているとされている。裁判官が誤審を認めないといった風潮もこうした失敗を認めない組織、業界の文化によるものであると分析している。

　行政組織にこれを当てはめる場合、医療や法曹と同様、完璧性を求め、失敗を認めようとしない組織文化が存在するように思われる。こうした組織文化は、職員を萎縮させ、極端に完璧を求めるがゆえに、なかなか物事が前に進まないといったことをもたらす。その結果として適切なタイミングに施策が行われず、期待された成果が得られない状況を誘発する。失敗は大規模であればあるほど、それによってもたらされる損失は大きくなる。実証実験は行うが次のフェーズに進めない、大規模に予算を投じて、結果大規模に失敗するといった政策事例を耳にするが、こうした傾向は完璧を求めすぎる組織文化に由来するところが大きい。

　事業を小さく始めて、失敗があってもそれを繰り返し検証しながらよりよいものをつくっていく姿勢をとること、そのために早く失敗したほうが早く成果にたどり着けて、完璧を目指して大きく実施して大きく失敗するよりも費用対効果がよいことを理解する必要があり、『失敗の科学』でもこうした姿勢を奨励している。

　失敗を、「あってはならないもの」から「常にあること」を前提に捉

え、そこからどう学び、次のよい結果につなげるか、失敗のリスクをどのように適切にコントロールするかといった発想の転換が求められる。

行政組織が失敗を忌避する組織文化となるのは、メディアや国民からの失敗に対する強い批判によるところも大きい。メディアや国民も失敗を批判するだけではなく、そこからどうすれば同じ誤りを起こさないで済むのかという建設的な意見を社会として積み重ねられるようにすることも重要である。より大きな視点に立てば、日本人の失敗に対する姿勢を見直すことが必要なのかもしれない。

変化を起こすために組織文化の浸透圧を高める

私がかつて所属していた経済産業省の情報プロジェクト室（現DX室）で行政サービスのデジタル化を進めた際、取り組みを効果的に実現するために行政官とITエキスパートが対等な立場で効率的に働ける文化をつくることを最重要項目として掲げた。こうした文化を組織全体に広げるにはいまだにハードルがあるのも事実である。経済産業省本省だけで4,000名以上の人材がいるのに対して、民間出身のITエキスパートは20名（0.5%）に満たない程度である。デジタル化を通じた業務効率の向上や、IT企業のような効率的な労働慣習を広げようとしても、長年新卒の人材を中心に続いてきた行政組織にこれを広げることには限界があった。

一方で、デジタル庁は2024年の現在、1,100名近くの組織であるが、その約2分の1が民間企業からの転職、兼業等で構成されている。当初は行政官と民間出身の職員の意識にはギャップがあったが、職員の努力により、以前に比べればギャップの差がかなり縮まってきているように感じる。ここで考えるのは、デジタル庁の民間企業出身者の人数が1桁だったら、同じような新しい組織文化の形成ができたのかということ

だ。当然新しい組織であるから、新しい取り組みをしやすい面もある。しかし、既存の行政官が多ければ、これまでと同じような行政組織のカラーを色濃く反映した組織となり、組織文化醸成の取り組みを迅速に実行することは難しかっただろう。組織の柔軟性を高めたければ、構成員の均質性を大きく変えるのが有効であるということだ。多様性の重要性の１つもこの点にある。新卒採用を中心とした職員が大半を占め、同じ業務のやり方や考え方を維持しようとする人が多ければ、少し外部の人材を入れる程度では組織の変革は非常に難しい。それでは組織文化の浸透圧が低く、化学反応も起きにくいのだ。

　これまで組織が持たなかったスキルを持つ人材を受け入れるために、組織を変えていこうとする力が十分働くためには、それなりの割合を占める数の人材が外部から流入する仕組みをつくらなければならない。ある程度の割合の外部人材が流入することで、それまでの職員の同質性が見直され、人材間の新しい化学反応をより強く働かせることができる。現状の組織に対して外部の文化が流入しやすくする浸透圧を高めるのだ。当然その過程には衝突もあるが、これをいかに緩衝し、着地させ、新しい組織文化を見いだすかが経営の役割である。

　行政組織に限らず、既存の大企業の多くは、外部の人材が多く流入することで組織が壊れてしまうのではないかという不安から、これに取り組めないケースが多いように思う。しかし、現状の組織に市場に対応する能力がない、ビジネスに最適化された組織になっていないなら、組織自体のあり方を見直さなければ存続できない。

　考え方を拡張すれば、人材の流動性の高さが、社会全体の生産性を高めるといったこととも同じ原埋ではないか。シリコンバレーから多くの巨大テック企業が生まれたのは、ある企業で成長を実現した人材が転職し、他の企業で同じ成功手法を再現することによってそのやり方が伝播していく現象が起こったからであると思われる。組織能力をどうやった

ら高めることができるか、どんな文化を組織に形成することがパフォーマンスを高めるかを外部から流入した人材が教えてくれるのだ。

いきなり組織の大きな割合の人材を入れ替えるといったことは、たしかに組織崩壊のリスクを伴う。デジタル庁で最初期に起きた危機は、まさにその文化衝突によるものだった。しかし、その組織に足りない能力を整理し、それを補う人材採用のロードマップを描き、段階的に外部人材が活躍できる領域を拡大しながら、組織文化自体も変えていくといったことは可能なのではないか。

組織人材循環論

このような前提に立つと、常に一定割合の人材が外部から循環している仕組みをつくれた組織が、常に進化を続けることができ、事業をアップデートできる組織なのではないか。外部の環境変化に対応して、組織は事業のあり方を変えなければならない。さらには事業の競争優位を生み出すような能力を持ち続けなければならない。競争優位を実現できるかは、組織がその能力を持っているかで決まる。組織の能力の源泉の1つは、その組織に所属する人材のスキルである。

たとえばデジタル化を進めるにはそれを実現できる人材が内部にいたほうが、その実現可能性は高い。外注で外部事業者に委託する場合、その能力に依存しなければならないだけでなく、組織の文化や事業の背景を理解していない場合、コミュニケーションにコストがかかり、求めている成果が出るまでに時間がかかる。このため、常に競争優位を生み出すような能力を持っている人を継続的に採用し、その能力を引き出せる組織だけが、環境変化に対応しながら組織をアップデートさせ、事業を進化させていくことができる。

スタートアップなど事業を立ち上げたばかりのフェーズでは、組織の

能力を高めるために、採用を通じてさまざまなスキルを持った人材を取り込むインセンティブが働く。一方で、事業が一定の形で安定してくると、新たな人材を開拓するよりもいかに効率的に汎用的な人材を採用するのかが優先され、さまざまな役割に転向できる総合職という組織にとって都合のよい人材採用が進む。しかし、実際には当然特定のスキルに秀でた人にその人が得意な分野の業務を担ってもらったほうがパフォーマンスは高くなる。それを犠牲にしながら組織の人材プールの安定性を確保しようとする試みがメンバーシップ型雇用であり、年功序列制度であるといえるのではないか。人を同質的に管理しやすくすることを優先すると、特定の能力が優れた人を活かす形にならない。

　組織の安定性を優先することで競争優位を生み出す人材を犠牲にするということが日本の大組織の多くで起きている。組織とは、目標をより効率的・効果的に実現するためのものであるにもかかわらず、組織の維持が自己目的化した構造になっている。多国籍企業の雇用形態や、最近言われているジョブ型採用はスキルベースで人材を採用し、適材適所で人材を採用することを進めている。これにより外部から自分たちの組織に足りない能力を持った人材を採用してくるのである。

人材循環をコントロールし組織パフォーマンスを最大化する

　外部環境の変化が激しい場合には、そもそも組織内部の人材が入れ替わることを前提とした組織のほうが、より柔軟に外部の人材を取り入れることができる。また、外部から入った人材から新しい考え方を取り入れることは、組織文化を時代に合わせて変化させることにもつながる。組織変革を進める手法をチェンジ・マネジメントと呼ぶが、組織内の人

材の意識変革を一度に行うことは非常に困難である。このため、常に人材が入れ替わる状況をつくり出すことで、組織内部の変化のハードルを下げるとともに、新しい外部人材の取り込みや、組織文化のアップデートを違和感なく行える環境を実現することが有効である。

　たとえばリクルートは、8％という離職率を1つのベンチマークとして離職者が一定程度生じることを前提に組織経営を行うことで、組織からの人材の"卒業"と新しい人材の"取り込み"を両立させている[1]。多国籍企業をはじめとする海外の大組織も同様に、基本的には人材が循環することを前提に設計されている。一方で、その企業の組織文化を強力に浸透させることによって、組織としての一貫性を維持している。多国籍企業であるがゆえに、国籍、スキル、性別等、さまざまな面でバックグラウンドの異なる人材が連携して働くことを前提としており、それが実際には組織能力強化の源泉となっている。組織文化を共有することで異なるバックグラウンドの人材でも、ともに効率的に働ける環境を実現している。

　組織の人材が循環する仕組みをつくり出し、常に時代に適合した組織能力を獲得するためには、外部から入った人たちが働きやすい環境と、その会社が何を大事にしているかを示す組織文化の充実が必要条件になっている。経営者の役割はこうした組織設計を考え、実行することだ。外部から入ってきた人材が組織にフィットしやすい環境を整備し、変化に合わせて見直すとともに、その浸透を徹底することで、人材循環を促していくことである。前述のリクルートでは、かつては社員の独立を後押しする退職金制度があった。3年ごとのタイミングで退職金が割

---

[1]　BizZine「なぜリクルートは離職率8％前後の維持を目指したのか――じわじわと組織が変わる「計画的人材流動性」が鍵」https://bizzine.jp/article/detail/8446?fbclid=IwAR0mAYT-Z1m2wfTV7IFB-w039aN32No5idmpw4-nbc69N4cOU5hKOEOY7KM

増で支給される制度だ。こうした制度を通じて組織内の人材が外部に出ることのインセンティブを高めることも1つの人材循環をコントロールする仕組みである。

組織の人材循環をデザインする

「人材の流動性」という言葉は「ジョブ型雇用」と合わせて、採用を中心にその必要性がこれまでも多く語られてきた。一方で、離職の取扱いについては、労働団体との関係などからどちらかといえばタブー視されてきたように思われる。また、「リボルビングドア」も一度離職した人が、再度同じ組織に戻ることを許容する仕組みだが、採用の観点が中心になっている。組織人材循環論では、採用と離職の両方を戦略的に設計することによって、組織の能力強化や組織文化の進化を定常的にもたらすことが、本質であると考える。

新しい能力を持った人材を採用しても、その人材が組織に新しい価値をもたらさなければ意味がない。また、組織にフィットしなくなった人材が自ら離職を判断しやすくならなければ、組織内の摩擦が高まるだけで、本質的な変化が起きにくい。組織文化や働き方がフィットしない組織に残り続けることは、彼らにとっても不幸なことが多い。人材の流動性が高まるにはそういった人材が自発的に離職し、新しい職場を見つけやすい環境が用意されていることが重要である。人材の循環を実現するには、各組織がビジョンや文化を明らかにすることで、外部の人材が参画することを判断しやすくするとともに、組織内部の人たちが組織に留まることの意義を考えられるようにする必要がある。加えて、そのような動機づけを採用希望者、離職希望者双方に対して後押しするインセンティブ設計することが重要となる。報酬体系や労働環境などはこれをコントロールする要素となるだろう。また、リクルートのように離職率、

採用率の両方をKPI（主要成果指標）としてウォッチすることで、人材循環率を見ていくことが組織の変化を評価するうえでも重要ではないか。合わせて、組織内の人材スキルの可視化を通じて、どういった人材ポートフォリオを組織が保有するのかを把握することも事業の目指す姿に対して十分なのかを評価するうえで重要になる。

人材循環の行政組織への含意

　行政組織の人材循環を評価すると、特に中途人材の採用はうまく実現できていないのが現状であると考える。中途で入る人材が自分のスキルを活かせるような環境が十分検討されていない。既存の霞が関の文化をそのまま新しく入ってきた人材に適用してしまうと、その人の能力が活かされない可能性が高い。これまでの総合職、一般職というレベルの分類では解像度が低い。また、デジタル化を推進する場合も、「デジタル人材」といった漠然とした定義では、採用した人が期待される部署で能力を発揮できる確率は低くなる。欠けている人材のスキル、役割をジョブディスクリプションによって詳細に定義し、必要な部署、プロジェクトに着任させる仕組みをつくらなければならない。人事部署は、組織全体の戦略を踏まえたとき、既存の行政職員の配置だけでなく、こうした専門スキル人材の配置も含めて最適化することを考える必要がある。

　また、キャリアパスとしてもその人の持つスキルを活かすポジションをつくり、それに注力できる環境を提供しなければ、組織の能力を強化できないだけでなく、結局は定着せず、意図しない離職を生み出す。これまで中央官庁に中途で入ってきた人材がすぐに離職してしまう状況になっているのはこうした事情も影響していると考えられる。

　離職者数＞採用者数となれば、組織の人材は減り続ける。多くの行政組織では中途の採用率を高めるとともに、その人たちの能力を活かせる

環境を用意し、人材の採用による流入を早急に強化する必要がある。この点においてデジタル庁のケースは、他の行政組織にとって1つの参考になるのではないか。デジタル庁では、ミッション・ビジョン・バリューや組織文化を示し、民間人材をジョブディスクリプションに基づいて採用し、そのスキルに応じたユニットに配属することで自分のスキルを活かせるようで柔軟にさまざまなプロジェクトに参画する。立ち上げ期は流入が多いが、専門職非常勤という形で採用されている人も多く、今後数年で次のキャリアを考え離職していく人も出てくるだろう。政府で一定期間活躍して、その知見を違うフィールドで活かす人は離職し、また新たな人材が入ってくるというサイクルで、組織も進化していくことが期待される。こうしたモデルを他省庁にも広げていくことができれば、これまで硬直的だった行政組織もより柔軟に進化していくことができるのではないだろうか。

■人材循環を前提とした行政組織のイメージ

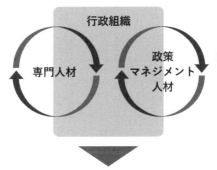

CHAPTER 6

行政における
デジタル投資の意義

投資によって組織の生産性を高める

　経済学では、経済成長の要因を労働生産性、資本生産性、全要素生産性（イノベーション）に分けて考える。行政組織では、労働生産性は職員の人数や能力として認識される一方、これまで組織のパフォーマンスを高めるための「投資」という考え方自体がなかった。だからこそ、労働力の量と質が組織パフォーマンスのすべてを決めており、付加価値を出そうと思うと職員による負担が限りなく大きくなっていく。

　このため、改めてデジタル技術に対する投資を認識し、生産性を高めることが重要となる。デジタル投資がもたらす価値は、業務の自動化による職員の低付加価値労働の軽減、データの利活用などを通じた職員の高付加価値業務のパフォーマンス向上である。IT投資を通じて本来職員が行うべき高付加価値の業務に集中できる割合を増やし、新しい政策の

■デジタル投資がもたらす行政職員の労働価値の変化

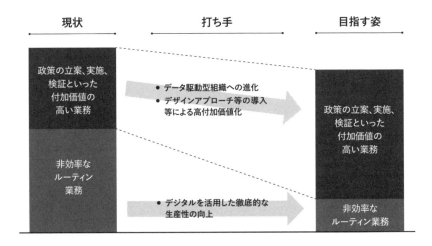

実施等、全要素生産性の創出につなげることが職員の満足度向上にもつながる。行政組織を経営する幹部は、デジタル技術への投資が労働生産性、資本生産性、全要素生産性のすべてを高めるキーとしてその意義を理解しなければならない。行政組織のバランスシートを考える場合、デジタル投資によって整備された情報システムは資産でもあるが、年度単位の会計では他の費用と同じように見なされがちである。情報資産は将来にわたって行政組織のパフォーマンスを維持・向上するための投資対象であることを認識する必要がある。

ソフトウエアの活用を通じた業務効率化・自動化

多くの行政組織で最初にやらなければならないのは、バックオフィス業務や、普段のコミュニケーションのデジタル化である。そもそも民間企業でできているような福利厚生の手続きや決裁などのプロセス見直しのデジタル化が進んでいないことによって、すべての職員のメイン業務の可処分時間が削られる。民間企業ではすでにバックオフィスのコストを最小化しており、残業による人件費削減に投資が見合うため、パッケージのクラウドサービスを導入している。同様のクラウドサービスを行政機関でも導入することができれば多くの業務効率が改善するはずである。バックオフィス業務を担当している職員にこれまでのやり方を変えたくないというモチベーションが存在するケースも多く、経営層が現場の職員と対話しながら導入を進めることが重要である。

また、普段のコミュニケーション手段が紙や対面で縛られていることの業務負担は計り知れない。資料はすべて電子媒体で行う、ウェブ会議を多用する、情報共有はチャットサービスを利用するといったことでコミュニケーションコストは格段に下がる。スケジュールの調整も、組織内ですら相手のスケジュールが共有されていないため、非常に負担が大

きくなっていることが多い。若手職員などの間でのやり取りがこうした
ツールの活用によって効率化可能であっても、上司・部下の関係ではこ
うした新しいツールの導入が忖度の結果できないといったケースも多
い。管理職以上の行政官は、自分のコミュニケーション手段が組織の効
率性を損なっていないか省みるとともに、新しいITツールを活用できる
よう学ぶ必要がある。これは習慣的なものであり、管理職が自ら行動変
容できるかが問われているものだ。

　こうしたバックオフィスや、普段の業務における非効率をなくすこと
が、まずデジタル化を通じて実現しなければいけないことであり、それ
すらできていない人たちが、行政サービスのデジタル化などできない。

行政サービスのデジタル化を通じた
ユーザーの価値向上

　行政組織によるデジタル投資の方向性として、それまで対面や郵送で
提供されていた行政サービスをオンラインでも提供することで、ユー
ザーの利便性を高める役割がある。ユーザーがどんな特徴を持ってい
て、どんな体験であれば利用しやすいかということを考えずに提供され
てきた行政サービスが、市民の満足度を下げる結果となっている。すで
に民間のデジタルサービスに慣れているユーザーは、そもそも行政サー
ビスがデジタルで受けられないことにフラストレーションを感じてい
る。こうしたユーザーの立場に立ち、利用しやすいサービスを提供して
いくことがサービスデザイン思考である。

　加えて、ユーザーにとって利用しやすいインターフェースデザイン、
プロセスデザインは職員のバックオフィス業務と同様、市民向けのフロ
ントサービスでも求められる。これを追求することで、ユーザーだけで

なく、その手続きに携わる外部委託事業者や他の行政機関、自らが属する行政機関にとっても利用しやすいプロセスをデザインすることが効率化に資する。

　さらに、行政デジタルサービスを個別に開発するのではなくて、汎用的な機能は共通化するなどの全体最適を意識して構築していくことがアーキテクチャ思考である。組織の経営層や財務当局が行政サービスの効率性を意識していれば組織横断的に提供のあり方を考えているはずだが、十分意識されてこなかった点である。現在ではデジタル庁がこうした共通機能を開発するなかで、これらを活用しながらどうやって効率的にデジタルサービスを構築するかを考えていく必要がある。

　デジタル化は、ユーザーの行政サービスの満足度を高めるだけでなく、フロントサービスにおける行政機関や関連するステークホルダーの業務効率化に資する。これが2つ目のデジタル化に関するベネフィットだ。

データの利活用を通じた政策・サービスの付加価値向上

　上述のようなバックオフィス、行政サービスのデジタル化ができて初めて、そのデータを活用した効率化や新しいサービスの創造による付加価値の向上が実現する。いわゆるEBPM（Evidence Based Policy Making）である。しかし、デジタルリテラシーが十分でない行政経営幹部の多くは、業務・サービスのデジタル化が進まなければEBPMは実現不可能であることを理解していない。そもそも業務やサービスの運用がデジタル化していなければ、データを収集することができない。データが収集できなければそれに基づいた改善もできないのだ。データなき

EBPMを掲げてみても、それは絵に描いた餅でしかない。では上記の業務やサービスのデジタル化が進んでいる場合にどういったデータの利活用がありうるのかを整理したい。

　まず可能となるのはデータの可視化である。行政サービスがどのように使われているかを把握する際には、ユーザーのアクセス数や属性、どのような目的で利用されているのかといった点を、ただの数字の羅列ではなく、グラフ等の形で可視化することが重要となる。人が理解しやすい形で可視化することによって、そのデータから得られる気づき（インサイト）が得られ、そのサービスの目的に対してどんな改善を行うべきかを考えることが可能となる。サービスの達成すべき成果を考える際にどういった数値に着目すべきか定め、その数字を追っていく。これが主要成果指標（Key Performance Indicator、KPI）と呼ばれるものだ。行政サービスが利用されているかを把握したい場合、以下のような数字に着目することが有効である。

<サービス運用上の主要なKPI例>
●週／月あたり増加ユーザー数
●週／月あたり利用ユーザー数
●1手続あたりコスト（システム運用費をトランザクション数で割る）
●ユーザーの手続達成率（逆に言えば、手続離脱率）
●電子化割合（手続件数全体に対するデジタル手続件数の割合）
●問い合わせに対する返答率（もしくはユーザー満足度）

　このほか、手続きの内容によって着目すべきKPIは異なる。たとえば補助金でも中小企業により利用してほしい場合は、申請事業者の属性情

報に着目して中小企業の利用割合などを追跡していく必要があるだろう。こうしたKPIの動向については時系列で取ることが多く、それらを一度に確認できるダッシュボード（複数指標のグラフを組み合わせてわかりやすくしたもの）を構築することで、ひと目でサービスがどういった状況にあるのか把握できるとともに、これらを関連づけて把握することで課題が発見しやすくなる。

こうした可視化はバックオフィスでも重要である。組織マネジメントの観点ならば、以下のような点に着目する。

<組織管理上把握するべき主要な変数例>
●部署に配置された職員数
●配置された職員のスキル・職位
●部署が担う政策の組織内におけるプライオリティ
●部署が抱える予算
●部署における職員の仕事満足度
●部署の平均労働時間

情報が組織のレイヤー単位（局、課、室等）ごとのダッシュボードで把握可能となれば、資源配分の歪みを認知することが可能となる。しかしながら、行政組織の多くではまだ把握できる仕組みが確立していないケースが多い。加えて、個人に着目すれば、各職員のスキル、これまでの職歴、成果などを把握することでさらなる戦略的な人材配置が可能となるだろう。福利厚生や旅費申請等の業務は、行政サービスのKPIで見たような利用者のデータを、職員のデータに置き換えればおおむね状況が把握できるものと思われる。

上述のような可視化の次のステップに計量分析やAIの活用が考えられる。コンピューターの計算能力を活用して成果に対する因果推論を実

施する。こうした因果推論に関しては、まずデータの理解がなければどこに因果関係があるのかの仮説を立てることができない。このため、データの可視化を通じた状況の理解は因果推論を活用するうえでも重要な前提となるのである。

　行政サービスの例でいえば、「大企業と中小企業の手続達成率の差は、どういった要因によって生まれているのか」といった問いは、大企業と中小企業の平均手続達成率の差がダッシュボードのデータから把握できないと出てこないものである。バックオフィスでいえば、「部署間の仕事満足度の差は何によって生まれているのか」といった点もダッシュボードで各部署の超勤時間の差や上司への満足度が可視化されていて、そこに相関関係が認められて初めてこれらが影響しているのではないかと認識できる。

　ここまで見てきたようにEBPMを実現するためには

1．利用したいデータが行政サービス等のデジタル化を通じて蓄積されている
　　（さらにいえば、加工しやすい形で標準化して蓄積されている）
2．それらのデータから、何が重要か、可視化等を通じて把握可能になっている
3．可視化等を通じて課題とその要因に対する一定の仮説が整理されている

といった条件がそろっている必要があるだろう。

生成系AIの活用・新技術の扱いに関する考え方

　2023年初頭からChatGPTの活用がブームとなり、いわゆる生成系AIを行政事務でも利用しようという機運が高まっている。デジタル庁や経済産業省でも利活用が進んでいるほか、東京都からは「文章生成AI

活用ガイドライン」が出されるなど、自治体でも導入が見られる[*1]。この活用はさまざまな行政事務を効率化する可能性を持っている。いくつかのユースケースについて整理してみたい。

＜追加的なデータリソースが不要な利用例＞
- 外部向けの行政サービスに関する説明の文章案作成：行政サービスの説明文章は専門用語が多く、一般の人にとって読みづらい文章であることが多い。こうした文章案について、生成系AIを通じて中身を変えずに表現したいニュアンスを指定することでより読みやすい文章を作成することが可能になると考えられる。
- 簡単なリサーチ業務：すでにオンライン上の文献等で発表されている内容であれば、テーマとそれをどのような観点からどのような構成で分析してほしいかを指定することで、簡単なリサーチペーパーの作成が可能である。ただし、その内容の正確性については確認する必要がある。

＜追加的なデータリソースが必要な利用例＞
- 政務や行政幹部の発言案の作成：国会答弁や、会議での発言について、ポイントを押さえながら、オーディエンスの対象などに応じて過去の発言内容に関するデータソースを活用して、その案文を作成することが考えられる。
- 法令文書案の作成支援：法目的が類似する法令の条文構成からどのような構成で、どのような条文を作成するかの下書きを生成系AIで行うことが考えられる。法令文書案を作成する際には過去の文書との整合性を担保するために書き方などについて類似の事例がない

[*1] 東京都「「文章生成AI利活用ガイドライン」の策定について」
https://www.metro.tokyo.lg.jp/tosei/hodohappyo/press/2023/08/23/14.html

かをチェックするといった作業が生じる。過去の法令文書をデータソースとして活用することでこうした法令文案のたたき台を作成することで、それまで職員が過去の文書を検索しながら作成していたプロセスが大幅に削減されることが期待できる。

このようにAIを活用することによって外注していた簡易な調査や、文書の作成業務、データの編集業務などを効率化することが可能となる。ただし、いくつかの注意点がある。

まず大事なのは、AIによって生成されたアウトプットをチェックする役割は依然として我々人間にあるということだ。出てきたアウトプットが有用なのかは、それを利用する人間にしか判断することができない。特に追加的なリソースを利用しない場合の活用においては、インターネット上の情報のみを学習した結果としてアウトプットが出てくるため、事実とは異なった内容が含まれることもある。こうした場合にその情報が利用可能かどうかのチェックは人間が行わなければならない。常に利用するのは我々人間の意思であることを忘れず、その活用を通じて間違った判断がなされうることに注意し続けなければならない。

また、機密性の高い情報を扱う場合には、追加するデータリソースの機密性、および生成系AIに対する指示（プロンプト）の機密性両方に注意する必要がある。外部からのアクセスをコントロールした環境を用意することで利用内容が外部に流出しないようにすることが情報管理の観点からは重要だろう。

新しい技術が出てきた際、これをどのように扱うかについては、さまざまな姿勢がある。慎重な姿勢を取ることによってそのメリットを享受しないことは、社会を前進させることができるのにそのチャンスを逃すという機会損失につながる。一方で、その技術が濫用された場合のリスクを適切に評価しなければ、大規模に利用しはじめてから、多くの損害

を生み出すことにつながりかねない。

新技術の開発・導入の多くは、人間の持つ知的好奇心と、それを適用させることで社会に貢献したいというモチベーションからスタートしているだろう。一方で知的好奇心が先行すると、その技術がどのような形で実用されうるかの想像力が欠落しがちだ。

特に行政機関が施策において新しい技術を利用する際には、それがどんなリスクを孕んでいるのかを常に意識することが重要となる。ここでもまずは限られた範囲で利用し、それを段階的に広げていくといったアプローチを取ることによって、その技術が持つリスクを検証しながら、どのような制御を行いながら、どのような領域で活用するか整理していくことが基本的な姿勢として大切である。

デジタル化推進チームを置き、組織のデジタルリテラシー底上げを

もはやデジタル技術に対する知見は行政官にとって自らの生産性を上げるためだけでなく、政策検討の基本的な素養も重要になっている。社会におけるデジタル化が進むなかで、技術の特徴や市場のあり方を理解し、その動向も踏まえて行政サービスや政策を考えなければ、的外れな政策を展開することにもなりかねない。

ICT関連の知見は、情報システム部門や一部の関連する部署だけが持っていればよいというのでは、もはやなくなっている。政策の意思決定を行う管理職、幹部も含めて必須のリテラシーである。そのことに行政組織が気づいていないと、それだけ社会の発展も遅れを伴うことになる。すべての部局にデジタル担当を配置し、部局単位でのデジタル化推進を担っていくといった体制を構築し、中央官庁であれば大臣官房、自

治体であれば首長室のように組織の経営を司る部署が戦略的に組織能力の向上を仕掛けていく必要がある。こうした点からも、現状の政府で行われている情報技術の研修をアップデートするとともに、全職員がデジタル技術に関する基礎的な知見を身につける必要がある。

シニアレベルの行政官にも、知らないことを恥であると思わず、積極的に学んでいく姿勢が求められている。近年では、デジタル化に先行する金融機関や製造業などの企業においても、組織のデジタルリテラシー向上のため全社員にIPA（情報処理推進機構）のITパスポート試験を受験させるといった取り組みや、ローコードツールを利用した社員によるデジタル化の取り組みも進んでいる。さくらインターネットでは、社長が自らITパスポートに合格した実績をSNSで公開するといった事例もある。トップが自らこうした取り組みを行うことで、組織全体に対してデジタル技術に関する知見が重要であると認識させることができる。

加えて、若手行政官のなかには大学や就業経験を通じて入庁前から高いデジタルスキルを培ってきた人材もいるはずである。シニアレベルの行政官をこうした若手行政官がメンターとしてデジタル技術の知見を共有する、「リバースメンタリング」といった取り組みは組織内のデジタルリテラシー底上げと合わせて世代間の相互交流を生み出し、組織のフラット化に貢献する。

外部から採用するエキスパートのデジタル人材が活躍するうえでも、組織の平均的なリテラシーの高さはその人材のパフォーマンスを引き出すうえで重要になることから、こうした取り組みを幹部、管理職が率先して行うことの必要性は繰り返し述べておきたい。

CHAPTER 7

共創モデルによる
政策形成と実施

「政策」と呼ばれているものの解像度を上げる

　行政組織の役割は効率的、効果的に政策を立案・実施することである。しかし、我々が「政策」と呼ぶとき、これが何を指しているのか非常に曖昧である。行政官でさえもこの点について、きちんと言語化できている人は少ないのではないか。「政策」という言葉にはいくつかのレイヤーがあるように思われる。以下では仮想的に自動運転車の導入を考えた場合の内容を例としている。2024年現在の政策とは関わりがない点にご留意いただきたい。

1　今後の世の中がこうあるべきといった「ビジョン」

　「2050年の交通環境はどのようになっているべきか」のように、社会のあるべき状況を整理し描く機能が行政にはある。これは同じ「日本」というコミュニティに住む人々がどのような環境を実現したいかといった点に対する合意形成である。自治体では、それぞれの自治体でどんな地域社会を実現したいかという点について描くだろう。ここで重要になるのは多様なステークホルダーの声を聞きながら整理して収斂させていく能力である。

2　ビジョンを実現するための「仕組み」

　「自動運転車の安全性を担保するためにプログラムに特定のコードを埋め込むこと義務づける」といった形で、実際のビジョンに対してどんな課題が生じるかを特定し、それに対してどのような施策を打つと効果的かを企画することが求められる。加えて実際にその施策がなされた場合にどういった社会的インパクトが起きるかをメリットだけでなくリスクも含めて検討する必要がある。こうしたことを実施するためにはステークホルダーとの調整力に加えて、どういった仕組みが最も効果的に

機能するかという企画力が求められることになる。なお、ここでいう「仕組み」とは、ITシステムのみではなく、法整備、予算措置、税制改正、財政投融資等の伝統的な政策手段を用いた仕組みも含む。

3　仕組みに基づいて提供される「サービス」

「自動運転車への規制プログラムのソースコードを特定のサイトでオープン化する」などのように、実際の仕組みを社会に実装していくために必要なサービスを提供していくことも、行政組織の役割としてある。許認可等では、行政側が事業者からの申請を受け付け、内容を精査して許可の可否を伝えるという一連の体験がサービスになる。給付や補助金においても、住民や事業者を顧客として、申請、審査、給付を行うといった形で顧客接点を持ちながら提供が行われる。これを達成するには政策対象となるユーザーにどうすれば効果的に届くかを考え、設計し、実行する能力が求められる。また、行政組織内部のリソースで達成できない場合は、外部の事業者に委託することが必要になるが、その際にはその事業者を選定し、プロジェクトマネジメントを行う能力も求められる。

■「政策」のレイヤー構造

多くの行政組織では、この政策の３つのレイヤーを十分に意識して議論できていないのではないか。また、それぞれを実現するにあたって必要となるスキルを整理していないがゆえに、人材配置の最適化がなされていない。当然すべてについて長けた人材がいるには越したことはないが、実際にはそんな卓越した人材は非常に限られている。このため、どういったスキルを磨きたいかを明確にし、そのスキルを中心に鍛えていけるようなキャリア形成を可能にすることが人材配置をより効率的にするうえでも好ましい。ビジョンや仕組みをつくるためにはプランニングやステークホルダーマネジメントの能力が、サービスの実現のためにはサービスデザインやプロジェクトマネジメントの能力が求められる。こうした職員に求められるスキルを明確化することの重要性は、CHAPTER 4でも述べたとおりだ。

審議会では捉えられない政策課題

　行政組織が新しい政策決定を行う際に、ステークホルダーからの意見を集約するべく審議会、研究会といった場を用意して意見を聞いた形を取り、政策を進めることがこれまで中心に行われてきた。かつては業界団体が各産業の声を集約して、これを行政側に伝えるという形で機能していたのかもしれないが、産業を跨いだ議論や、大企業だけでなくスタートアップのような新規プレーヤーの声を聞くことが重要となるなか、特定の業界団体だけでなく、もっと幅広い関係者の声を集めることが必要なのにそれができていないケースも見られる。前例踏襲ではなく、適切な産業セクターや専門分野の知見を持つエキスパートが議論に参加しなければ、政策決定がより現実に即したものになっていかない。
　上述の政策のレイヤー構造でいえば、「ビジョン」や、「仕組み」のレイヤーまでは審議会等で議論されたとしても、「サービス」がどうある

114

べきかまで踏み込んだ議論がなされるケースは少ない。現在、市民が行政に対して不満を持っているのは、この「サービス」として届く政策の部分である。コロナ禍の定額給付金などでも国民が主な批判の対象としたのは、仕組みそのものより、それをどうやったら得られるのかという「サービス」の部分なのである。

　加えて、行政官が他の業務に追われ、十分に時間を割いて課題設定をできていないことが議論を深く掘り下げられないといったことにつながってしまう可能性もある。こうした状況を打開するため、さまざまなステークホルダーとの共創のあり方が求められている。

デザインアプローチを通じた ステークホルダーとの共創

　複雑な課題に関して、そもそも行政側がすべての課題を明らかにし、それをステークホルダーや有識者に議論してもらうやり方が非効率になっている。課題や目指す社会像からステークホルダーと共に考えていくアプローチの政策立案が有効になると思われる。また、実際にその政策手段のユーザーとなるステークホルダーの人物像（ペルソナ）の解像度を高め、その人にとってどのような施策が望ましいかといった視点を深めることも、デザインアプローチを導入する意義である。

●これまでのように関係者が会議室に座って課題を順番に議論するのではなく、その分野に実際に実務に関係しているメンバーでワークショップのような形で議論を進める。

●ワークショップには、その政策分野において声の大きい大企業や有識者だけではなく、関連する他の業界や、これからその分野に携わろうとしているスタートアップなど、なるべく多様なステークホルダーに

参加してもらう。

● どのような社会を目指すべきかを議論してもらう。目指す社会のビジョンに対して、現状を整理することで、その現状とあるべき社会のビジョンとのギャップをどのように埋めていくことができるかを議論する。そしてその議論した結果に基づいて仕組みやサービスを整理していく。

　こうしたアプローチを取ることの利点が3つある。

　1つ目は、関係するステークホルダーのさまざまな視点からのフィードバックを得られるとともに、フラットな関係性で議論が行える点だ。さまざまな視点での議論があることで特定のステークホルダーに配慮した意思決定を避けることができ、より社会にとって何が望ましいのかという視点から議論を進められる。

　2つ目は、議論を通じて共通理解の構築が可能な点だ。これまでの審議会では、同じ課題に対してそれぞれのステークホルダーに対して行政側が事前説明などを行い、その共通理解を図ろうとしていたが、それ自体も非常に手間がかかる。また、行政側の恣意的な誘導などが働く余地もある。各ステークホルダーが会議に参画することによって、その手間や恣意性を排除できるとともに、それぞれがその政策課題に対してどういった役割を果たすべきかを理解して次のステップに進められる。

　3つ目は対応策の解像度を高めることができる点だ。行政側で見落としていた視点、課題や問題解決のアイデアを得ることができる。その結果、政策を実行した際に起こりうるリスクをより具体的に把握することが可能となり、課題の本質に迫った問題解決方法を複数見つけることができる。

　経済産業省では、「JAPAN+D」という活動を通して、デザインアプローチを政策に適用していくため、他省庁、自治体や経済産業省内の原

課の伴走支援などを行っているほか、オンラインで教材の提供なども行うなど精力的な活動を進めている[1]。こうした取り組みが官民共創をもっと柔軟に進めるための起爆剤になりうるのではないかと考える。

事業を外部委託してきた民間事業者との関係性

政府全体の総人件費を抑制した結果、労働環境も悪化し、行政組織内の人材が減少するなかで、民間事業者への委託を通じてリソースを強化し事業を進めようとすることが多い。行政職員側がその事業に対する知見やオーナーシップを持っていない場合、委託先の事業者に丸投げになってしまう場合が多々ありうることは前述のとおりだ。この場合には、行政側が成果を適切に評価できなかったり、その事務に関わる費用感を正しく見積もれなかったりした結果として、実際の委託金額に対して十分な効果が得られないことがある。逆に、一般競争入札の場合、委託事業者側が十分な知見を持たないまま、安値で入札することで、落札した結果、行政職員側がかなり関与しないと事業が達成できず、外部への委託の効果をほとんど期待できないといったケースも起こりうる。

前者について、特にITプロジェクトではこれまで行政側に知見を持った人材が少なく、事業者への丸投げが生じやすかった。後者は、委託調査などのケースで多く、行政官側が深い知見を持つ一方で、委託先がそこまでの知見を持っておらず、ファクトから考察までを導いてほしかったのにそれができずに結局報告書の大部分を行政側で作成するといったことが起きるケースがある。その結果、委託費を払ったのに、その成果物を実現するために行政側が手を動かさなければならず、労働時間まで奪われてしまうといった現象が生じる。

---

[1]　経済産業省「JAPAN+D」https://www.meti.go.jp/policy/policy_management/policy_design/Japanese/

金額に応じた成果が出ない事業が多く存在することは、行政機関の施策の費用対効果が低いことを表す。一方でそうした事業が明るみになり、メディアや国民からの批判を受けるとその事業のみの実態ばかりが注目の対象となり、その裏にある構造的な課題にまで目が向けられない。

　こうした状況が生じるのは行政側に要因があるだけでなく、受託事業者側も事業への深い理解なしに、行政側からいわれたことさえ行えばよいというモチベーションで臨んでいることにも原因があると思われる。

　社会で評価されるような事業が実現する際には行政側、受託事業者側双方にその事業に対する深い理解や目指すアウトプットに関する認識の一致が図れており、コミュニケーションがうまく取れている。さまざまな事業があるなかでこうした状況を再現性高く実現するためには、行政側に各政策分野に関する専門家がおり、事業者と深いコミュニケーションができるようになっていることや、事業者側にも行政事務や行政側の視点に対応できるような人材がいることが望ましい。前述のとおり、各政策分野に関する民間人材を行政組織が採用することで内部化することは効果的である。一方で、行政組織を辞めた人材が行政組織から受託する企業に就職して活躍しているようなケースも増えている。官民双方の人材がキャリアチェンジ等を通じて逆側の立場を踏まえて連携して事業を実施していく体制がつくれれば、事業をもっと効果的に実現できる場面が増えるだろう。

多様化する官民連携のあり方

　行政サービスや政策の実現にあたっては、金銭的な対価をベースとして行われる公共調達や、PFIなど以外にもさまざまなパターンが生じている。以下のような事例がある。

●オープンデータ・オープンソースを通じたサービスの共創：行政側が

保有するデータを公益に資するものは、オープンデータ化することによってこれを活用したサービスを外部のステークホルダーが構築するといったケースが増えている。新型コロナウイルス感染拡大時、経済産業省は企業の提供する無償サービスの情報を集め、これをオープンデータにしたところ、シビックテックのNPOであるCode for Japanがその検索サービスを開発し、市民に提供した。このほか、東京都が新型コロナの感染者情報をダッシュボード化し、そのソースコードをオープン化して提供したことで、他の都道府県などでも同じようなダッシュボードが迅速に構築できたケースがある。デジタル領域におけるこうした官民の連携は特に有事の際に有効に機能すると思われる[*2]。

● 非営利団体をベースとした官民が参画したガイド策定：行政組織が制定する法令は、対象とする主体に対して、強い規範性を持ってしまう。一方で、緩やかな社会的規範があるほうが市民や事業者がより円滑な社会活動を行いやすくなるような場合に、非営利の団体で官民双方の関係者が参画し、策定していくといった取り組みが考えられる。たとえば、オンラインサービスを通じてリアルな経済取引や社会活動が行われるシーンが増えているが、オンライン上でのユーザーの本人確認は非常に重要だ。一方で、この本人確認の手法は法定化されている業種はあるものの、そうでない業種も多く存在し、これをすべて法定化していくと、ビジネスインパクトと管理コストが大きくなる。こうした状況で、オンライン本人確認に関するガイドラインをOpenIDファウンデーション・ジャパンのもとで、スタートアップも含めた関連する事業者とデジタル庁職員のメンバーも入りながらこれを取りまとめた[*3]。実際にサービスを提供する事業者が議論に参画するとともに、実際にオンラインでの本人確認のニーズを持つサービスを提供す

[*2] PR TIMES「東京都新型コロナウイルス感染症対策サイトがグッドデザイン金賞を受賞（Code for Japan）」https://prtimes.jp/main/html/rd/p/000000026.000039198.html

る事業者にヒアリングなども行うことによって、利用シーンにより即した整理がなされた。このように、行政が主導しない形で官民が連携しながら、スピード感を持って緩やかな規範をつくっていくという手段もありうる。

● 民間事業者側がサービスを提案し行政課題を解決する：国側が事業予算を投じなくても、事業者側が自らのサービスの有効性を検証するために行政と連携してその解決を図ることが考えられる。事業者側に社会課題を解決するアイデアがある際に、これがビジネスになりうるのか、行政組織の信頼性を借りながらユーザーに利用してもらい、実証する。こういった取り組みについては神戸市からスタートした「Urban Innovation Japan」*4の取り組みや、「逆プロポーザル」と呼ばれる形で同様の取り組みを進めるソーシャルX*5の活動なども当てはまる。行政組織が主催して行うハッカソンなども近年増加しているが、同様に民間事業者のイノベーションを社会課題の解決に活かすために行政組織のプラットフォームとしての価値を提供する形であるといえる。

社会課題の解決は行政組織だけが考えるべき内容ではなくなっており、これを担う主体も行政組織だけではなく、NPOや営利企業も含む民間事業者が含まれる。行政組織が提供できるリソースも予算を通じた金銭的価値だけではなく、社会的な信頼性や、幅広い市民にリーチできるといったプラットフォーム価値なども存在する。行政組織が持つリソースを的確に把握し、どのように他のステークホルダーとWin-Winの関係を築けるかがポイントとなる。

---

*3 OpenID「民間事業者向けデジタル本人確認ガイドライン 第1.0版」
https://www.openid.or.jp/news/kyc_guideline_v1.0.pdf
*4 Urban Innovation Japan ホームページ https://urban-innovation-japan.com/
*5 SOCIALX ホームページ https://socialx.inc/

CHAPTER 8

新しい行政経営システムへの
行動変容を促す

これまで行政組織の経営システムに
変化が起きなかった理由

　行動変容をもたらすことは、行政に限らず、どんな組織でも大きな困難を伴う。『「変化を嫌う人」を動かす』（ローレン・ノードグレン、デイヴィッド・ショナル 著、船木謙一 監訳、川﨑千歳 訳、草思社、2023年）では、「惰性」、「労力」、「感情」、「心理的反発」の４つの要素が、人が新しい考え方を受け入れる抵抗となっているとして「抵抗理論」を展開している。

　「惰性」とは自分がなじみのある状態に留まろうとする傾向である。「労力」とは実際にそれに取り掛かることでかかる「苦労」と、どのようにしてそれを実行したらよいのかわからないといった「茫漠感」の２つからなる。「感情」は新しいアイデアに対する否定的な感情がもたらす抵抗である。また、「心理的反発」は変化させられること自体に対する抵抗を表す。このフレームワークを用いて、それぞれの要素が、これまで行政経営システムが変わらなかった理由とどのようにリンクしているのか考えてみたい。

　まず、「惰性」については、行政組織がこれまで行ってきた組織運営手法を大きく変えたくない、これまでの前例踏襲が十分に機能するだろうという現状維持の考え方が強く見られる。行政組織の人事制度が新卒採用中心で、中途人材等の外部からの改善の視点が十分入らなかったことが大きく影響していると思われる。年功序列で上司の指示に従うことが求められ、改善のアイデアが部下からあったとしても経営システムを変えるというインセンティブが働きづらかった。

　次に「労力」の面では、組織の経営システムを変えるには大きな苦労が伴う一方で、目の前の政策対応で日々忙しさに追われるなかで新たな

苦労、追加的な労働リソースを割くことができない、といった心理が働いているものと思われる。加えて、組織経営を変えようとすると、説得しなければならない関係者が多く、その調整に膨大な時間が奪われうるというところもあるかもしれない。「茫漠感」については、具体的に組織のパフォーマンスをどうやって改善したらよいかわからない、どこから取り掛かったらよいかわからないという戸惑いが大きい要因として働いていると思われる。

さらに「感情」については、行政官が変革を進めようとしても徒労に終わるのではないかという思いを持ちやすい理由がいくつかあると思われる。1つは、行政官がほぼ2年以内に部署が変わる現状で、経営改革に継続して取り組める者がいないだろうという点だ。長期のプロジェクトになればなるほど、結局それを完遂できないと考える否定的な感情が湧きやすい。経営改革を実施したとしてもどんな改善が見られるかわからない、場合によっては状況が悪くなるのではないかといった保守的な姿勢が経営改革の仕組みを妨げる感情をもたらす。

そして「心理的反発」については、行政官が持つ自分達の能力への過信があるのではと思われる。行政官の多くには高学歴で能力が高いという自己認識があり、その結果として自分たちが能力を発揮して仕事をこなせば、高いパフォーマンスを出せるため、積極的に組織の仕組みを変えるまでもないと考えてきたのではないか。

どのように職員の抵抗を和らげ、実現に向かわせるか

これまで、4つの要素から、なぜ行政組織の経営の仕組みが見直されてこなかったかを分析してみた。次に、この4つの要素に対応するために、行政幹部ではない職員はどんなことができるかを考えてみたい。

「惰性」への対応としては、繰り返し新しいアイデアを説明すること

で、そのアイデアに対する周りの認知を高め、小さく始めて徐々に広げていくことが重要になる。認知を高める方法としては、本書で説明したような新しい行政組織経営に関する考え方を上司などにさまざまな場面で繰り返し説明し、少しずつ考えを刷り込んでいく方法が考えられる。また、小さく始める点でいえば、デジタル庁は、すでに本書で書かれているような取り組みが一部進んでいることから、それを参考として、各行政組織のDX推進組織など新しい部署でまずはマネジメントの仕組みを通常の行政組織と変えてみることも、手段としてあるかもしれない。

「労力」を減らすうえで重要になるのは、より負担が少ない形でその導入プロセスを設計することや、なぜそれを行うことが必要なのかという理由を明確にすることである。新しい経営システムを議論するタイミングを、国会や議会などがない時期に設定し、ロードマップを描いたうえで2週間ごとなど区切りを設けて、その進捗を確認しながら進めていくといった形を取れば、負担を減らすことが可能かもしれない。新しい経営モデルの導入を進めていくステップを明確化することでより受け入れられやすい環境をつくることができるだろう。また、取り組みのハードルが比較的低く、成果が出やすいことから取り組むことで成功実感を得ながら進めていくことも重要である。

「感情」への対応としては、抵抗がある人たちのその理由は何なのかを明らかにしていくことが重要になる。どれくらいの人がこうした考え方に反発しているのか、特に強く反発している人たちは、何を感情的なハードルとして抱えているのかに耳を傾けていくことが大切である。特に感情的に反発している人たちの不安を特定し、それをオープンにしつつ、どうやって解決するかを示していくことで、組織的にもこれを進めやすくなる。デジタル庁でも、サーベイで得た結果を幹部だけでなく、組織全体に公開しつつ、それらをどのように解決するかを示しながら組織の改善を進める場面は多い。経営システム見直しを通じて、一般職員

にとってだけでなく、組織の幹部や管理職など組織内の属性や対象に合わせてどんなベネフィットがあるのかを説明することで、それぞれの立場で生じる心理的不安を和らげることができる。また、行政幹部など実際に意思決定に携わる人材には、先進的な経営システムを導入している企業に2、3週間でも訪問させてもらい、そのやり方を通じて従業員がどのように能力を発揮しているのかを学んでもらう機会をつくることでも、感情的な反発から前向きにそれらを捉え直すきっかけにつなげられるかもしれない。

　最後に「心理的反発」に対しては、たとえば幹部が、組織パフォーマンスを高めるためには新しい経営システムを導入することが正しいと認識していても、自分の能力に対するプライドや、新しい経営システムによって自分たちの地位が脅かされるのではないかといった不安から、理屈ではわかっていながらも抵抗する、ということが起こるかもしれない。こうした場合、まず行政組織の現状の改善点に対する質問を投げかけることによって、自主的に課題を考えてもらうといった体験を作り出すことが考えられる。実際に当事者に考えてもらうことにより、経営課題が発案者から押し付けられたものではなく、自分ごと化される。加えて、実際の経営改革のあり方についても、適切なファシリテーターを設定したうえで、幹部も参画する形でのワークショップなどで議論を進めていくことで、その解決方法についても自分たちが決めたものとして納得感を高めることができるだろう。こうした進め方はCHAPTER 7でも説明しているが、当事者が実際に意思決定のプロセスに参画することが、その後の実行の責任においても重要となる。

行政経営システム改革は組織的な行動変容である

　このように、これまで変わってこなかった行政組織が変わるため職員

の行動変容を進めるためには、習慣的な惰性を断ち切り、職員の負担感を低減する工夫を行いつつ、感情的な反発の要因を明らかにし、心理的にも経営改革に取り組むこと自体が自分たちのミッションとして位置づけられるようにしていくことが重要になると考えられる。

　こうした取り組みを進めるためには1人で進めることはできない。協力者が常に必要だ。同じ熱意を持った職員を見つけ、仲間にしながらチームを構成するとともに、幹部も含め誰が組織における理解者かを見定め、その人に動いてもらうことでどんなインパクトを組織内にもたらせるかを図りながら進めることが重要となる。

　また、取り組みを進めるためには、諦めず続けられる職員の持久力が成否のキーになるだろう。多くの野心的なプロジェクトが途中で終わってしまう、企画倒れになってしまうのは、周りからの反発や否定で諦めてしまうからである。実際には、人事による組織内の人材配置や、その時の組織内のムードなどによって同じことを進めようとしても一気に進む場合とそうでない場合がある。このため、本当に自分が実現したいことがある場合には、その時機を見定め、そのタイミングで施策を打てるように用意しておくことが重要となる。これは経営改革に限らず、大きく組織を動かそうと思う場合には同じことがいえるのではないだろうか。

　組織の行動変容をリードすることは非常に困難であるが、諦めずその達成を追求するマインドと、組織内力学を見極め、タイミングに合わせてそれが実施できる段取りを用意周到に行うことでその実現の可能性を高めることが可能となるだろう。

CHAPTER 9

デジタル時代における
国と地方の役割

デジタル化によって変わった行政サービスの考え方

　行政サービスが、人が提供する前提の従来のビジネスモデルから、デジタルを中心としたサービスへと変わる過程にあり、現状の国・地方による行政組織の役割分担も見直すべきタイミングが来ている。基礎自治体である市区町村の区分は明治時代にその原型がつくられており、前述のとおり、財政再建と連動する形で2000年代に平成の大合併でその大規模な見直しが行われ、今に至っている。

　基礎自治体の合併もあくまで人による行政サービスの提供が前提となっており、地方分権も、地方で決められることはすべて地方で行うべきとの論理からこれが整理されてきた。一方で人口減少がさらに進み、市区町村でも今後職員が減少していくことが見込まれ、継続的に現状の水準の行政サービスを提供することが困難になりつつある。インターネットの発展とデジタル化の推進はこの状況を改善する重要なピースとなっている。そして、デジタル技術の導入は改めて国と自治体の役割分担を整理する契機となる。内閣官房のデジタル行財政改革会議[*1]においてもこの点について議論されているところだが、以下ではその意義について考察してみたい。

デジタルのメリットはスケーラビリティにある

　これまでの地方分権の議論は、行政サービスを「人」が提供することを前提として設計されてきたため、各自治体で処理を行うことが負荷分散の観点から有効であるとの判断があった。前述の三位一体の改革においても地方行政の役割をより地方自治体に担ってもらい、あわせて国家

---

*1　内閣官房 デジタル行財政改革会議
　　https://www.cas.go.jp/jp/seisaku/digital_gyozaikaikaku/index.html

財政負担を軽減することが目指されていた。

すべての行政事務を中央集権的に処理しようとすると、中央政府に膨大な人数の組織をつくらなければ処理できない。また、実際にサービスを受けるのは各地域の住民であるため、人間のみでの処理を前提とすると、なるべく住民の近くに人材リソースを配置して処理したほうが効率的であるという考え方があったと思われる。

加えて、自治体によって住民の行政サービスに求められるニーズもさまざまであるから、それにあわせて各自治体の創意工夫によって対応するのがより効果的であろうという前提もあると考えられる。一方で自治体の提供する行政サービスは、①その地域が独自に行うことで地域に寄り添うことが求められるサービス、②国内で共通のやり方で提供されたほうが効率的であるサービスの２種類があると考えられる。後者は日本で生活を行ううえで最低限提供されるべき機能で、ナショナルミニマムとも呼ばれる。

デジタル技術の特徴は、同じ業務処理の限界費用を限りなく抑えてスケール（拡大）できることだ。手続き処理が共通化しているものは、ソフトウエアのプログラムを通じて同じように人手を介せず処理することができる。こうしたデジタル技術を前提とする場合、自治体で提供されている②のタイプのサービスであれば同じシステムで処理したほうが効率がよい。現在政府が進めている、ガバメントクラウド上に標準化されたソフトウエアを実装し、これを通じて自治体の行政サービスを提供しようという試みは、こうした考え方が根本にはある。標準化システムについてもいくつかのパッケージに収斂していくことが望ましく、広域の自治体間で共通のサービスを共同調達することによってボリュームディスカウントが働き、自治体単位でのコストが低減するとともに業務プロセスが簡素な形で共通化され、自治体職員にとっても管理しやすい状況を生み出すことが最終的に目指す姿であると考えられる。

国はデジタル公共インフラ
（Digital Public Infrastructure）を提供する

　ガバメントクラウドといったシステムの物理的なインフラに限らず、国は、行政サービスを構築するために社会で必要となる共通のパーツを提供する役割を担うことが求められる。国際的にも、国連、世界銀行、国際通貨基金（IMF）などによってデジタル公共インフラ（DPI）という概念が提唱され、政府が道路のようなリアルのインフラだけでなく、オンラインでの社会活動におけるインフラの整備を担うことを示唆している。一方でこうしたインフラは誰でも開発に参画でき、利用することができるオープンソースをベースとしたデジタル公共財（DPG）を利用して開発されるケースも多い。

- ●インドではインディアスタックという形でデジタルサービス構築における基本機能を社会全体に提供している。具体的にはオンライン上での本人確認、署名、決済、電子私書箱などの機能を行政サービスのみならず、民間サービスでも活用可能な環境を整備することで社会全体でのデジタル化の実装コストを下げていくことが役割となる。日本でも、マイナンバーカード認証のアプリケーションなどを国が整備・提供し、行政・民間サービスで利用できるようにすることでオンラインの本人確認コストを社会全体で低減できる。

- ●エストニアやデンマークなどで取り組まれているように、住民、事業者、不動産等の基礎的なベースレジストリの整備や、これらを行政システムや民間サービスに提供するデータ交換基盤を整備することで社会全体の同じデータの入力負荷を低減できる。日本でもこれらを参考に現在、公共サービスメッシュやベースレジストリの整備が進んでいる。

●韓国では行政システムを開発する際のパーツがオープンソースとして提供されており、これを利用することをシステム構築の際に義務づけることで、ベンダーによらず、システムが標準化される仕組みがビルトインされている。こうした仕組みを導入することで行政システムの構築コストを低減し、ベンダーによる技術のロックインを避けていくことが可能になる。

上述のような海外事例は前著『行政をハックしよう』でも紹介したが、日本でも国が整備すべきDPIの開発が進んでいる。一方で、これらがその役割を持つものとして認知されておらず、社会での共通認識になっていないことが課題である。こうしたDPIにあたるサービスを国が規定し、行政・民間サービスでの活用を拡大していく必要がある。将来的には各国のDPIと連携することで海外渡航や、貿易などクロスボーダーの手続きもより効率化される可能性もあるだろう。

国・広域自治体・基礎自治体の デジタルサービス提供での役割を見直す

国内でユニバーサルに提供される行政サービスのシステムを約1,800の自治体それぞれで調達する仕組みは非効率である。そもそも住民規模が非常に小さく、十分なデジタル人材がいない町村などもあり、1人で情報システムを担当するなど運用することが難しい基礎自治体も存在する。こうした状況から、基礎自治体レベルでデジタルサービスが提供可能となるよう支援するための組織体制の検討が重要になるだろう。そのなかで広域自治体がこれまでより重要な役割を果たすと考えられる。

都道府県でもこうした問題意識から、市区町村と連携してシステムの共同調達を行うことがこれまでもあったが、その取り組みがより加速し

ようとしている。東京都ではGovTech東京*2、大阪府ではGovTech大阪*3が取り組みを進めようとしているほか、長野県のDX戦略*4などでも同様の動きが見られる。愛媛県でも、県下の市町村で一体的に業務プロセスの見直しを行う取り組みもなされている。このように、広域自治体レイヤーでDX推進組織を設置することで、中小の基礎自治体の行政サービスの共同調達・開発・運用を取りまとめていく方法もある。

デジタル人材のサポートについても、これまでは都道府県が民間から専門人材を採用し、各市区町村に派遣するモデルだった。しかし、現在市区町村にいる情報システム職員も兼業などの形で都道府県のDX推進組織に採用した専門人材と共に結集し、それぞれの知見を共有するシステムを共同調達・開発・運用するような体制をつくり、基礎自治体では調達されたサービスの提供に集中できるような体制を目指すことが望ましいと考えられる。各基礎自治体に先進的な取り組みを行っている人材もいるため、その人材の能力を所属する自治体だけでなく広域に活かす機会を設けることで、地方におけるデジタル人材の新しいキャリアパスを築くことにもつながるだろう。広島県では実際に県下の基礎自治体も含め、デジタル人材をプールしてキャリア形成を可能とする「デジシップひろしま」の動きも進んでいる*5。

基礎自治体から兼業で都道府県のDX推進組織に参画する職員は、

●共同システムの調達、開発、運用のプロセスに関与できる

●システムの内容を理解したうえで、現場でのサービス提供をサポートできる

---

*2　GovTech東京　https://www.govtechtokyo.or.jp/
*3　大阪府「大阪市町村スマートシティ推進連絡会議（GovTech大阪）」
　　https://www.pref.osaka.lg.jp/o060030/digital_gyosei/govtechosaka/index.html
*4　長野県「長野県DX戦略について」
　　https://www.pref.nagano.lg.jp/dx-promo/dx/2007dxsenryaku.html
*5　広島県「情報システム人材の確保・育成について～「DXShip（デジシップ）ひろしま」の構築」　https://www.pref.hiroshima.lg.jp/soshiki/266/dxship-r4.html

●さまざまな人材とともに業務を行うことによって自分自身の学びを
得られる
といったベネフィットが得られる。
　こうしたポジションに基礎自治体も戦略的に人材を送り込むことにより、現場のデジタル化と人材育成を効率的に進めることができるのではないか。

　デジタル時代においては、業務プロセスとシステムを共通化し、住民とフィジカルに接する部分だけ人が行うよう行政事務を再度見直すことが、より効率的な行政サービスの提供において重要といえる。住民の基礎サービスにとどまらず、医療、教育、交通等の準公共的な分野においても、デジタルで処理することが効率的な部分は同じ考え方が適用可能である。行政分野に応じてどの組織がデータを管理するのかを明確にし、それらが個人の同意に応じて連携されるといったルールが整備されれば、個人情報が国によって一元的に管理されるといった誤解も解消できるのではないか。
　加えて、こうしたシステムの標準化を進めていくと、それまでは基礎自治体単位で提供されていた行政手続きが、中央官庁でまとめて処理したほうが効率的であるものも出てくるかもしれない。たとえば、パスポートの申請手続きの電子化が始まっているが、これまでは手続自体は都道府県がその事務責任を負い、一部市区町村に委任して行われていた。しかし、申請手続きがすべてデジタルで処理可能となるとすれば、この部分については中央政府で一元化して行い、都道府県は申請サポートや受け渡しのみ行うといったこともアイデアとしては考えられる。
　手続きのデジタル化が進み、デジタルで処理することがデフォルトになると自治体の事務を国の事務に変えるといった形で、責任の切り分けの見直しも可能になると考えられる。

CHAPTER 10

行政経営システム改革の
ヒントとしてのデジタル庁

浅沼尚デジタル庁デジタル監

デジタル庁は、新型コロナウイルス感染拡大で国民の皆様に対してデジタルサービスを通じた効率的な支援ができなかったことの反省から、2021年9月に設置された。設立当初は約600名の体制だったが、2024年現在では1,000名を超え、そのうち半数が民間出身の組織となった。菅総理の肝いりで設置されたこの組織は、それまでの多くの行政機関とは異なる特徴を有している。特に組織開発の面で、民間スタートアップの組織づくりで行われているプラクティスが多く取り入れられた点がその違いを生み出しており、今後の行政組織経営のモデルになるようなポイントが多くある。以下では、浅沼尚デジタル監からこれまでのデジタル庁の経営システムや組織づくりに関しての取り組みを振り返り、整理していただいた。

多様な専門人材が集まる行政組織

　デジタル庁は2023年末時点で約1,100名の職員が働く行政機関である。設立から約2年半で職員数は倍以上になり、中央省庁、自治体、さまざまな民間企業で経験を積んだ多様な人材が集まる組織となった。職員の構成は、約40%が他府省庁からの出向や公務員試験を経て新たに入庁した職員、約40%が民間企業などから専門職として入庁した職員、6%が自治体からの出向職員である。また、デジタル庁には行政職だけでなく、プロダクトマネージャー、システムアーキテクト、クラウドエンジニア、ソフトウェアエンジニア、サービスデザイナーなど多様な専門家が集まっている。

　デジタル庁の組織体制は、2023年末時点で、事業を管理する4つのグループと専門人材を管理する20のユニットから構成される。これは、柔軟なプロジェクト推進と適切な人員配置を目的とした組織設計で、一般的にマトリクス組織と呼ばれるものである。この仕組みの利点は、プ

ロジェクトの段階や状況に応じて必要な専門人材を柔軟に配置できること、各グループやプロジェクトで得られた知見やノウハウを組織全体で共有・蓄積できること、専門人材の育成や管理を適切に行えることである。一方、プロジェクト組成のプロセスや指揮命令系統が複雑になるという側面がある。デジタル庁では、事業内容の変化や組織の拡大に合わせて組織構造や仕組みの改善を継続的に行っている。

　また、デジタル庁では、職務を限定せずに採用し配置転換しながら経験を積ませる「メンバーシップ型雇用」と、特定の職務内容に適した能力や経験を持った人材を採用する「ジョブ型雇用」が併存している組織である。他府省庁からの出向や新卒採用の人材は多くがメンバーシップ型雇用であり、民間企業などから専門職として入庁した人材は多くがジョブ型雇用である。両者の雇用形態の併存は、多様な働き方や専門性を持つ人材を広く採用できる利点がある一方、キャリア設計や待遇に対する考え方が異なるため、より高度な人事制度や人事管理が求められる。

　このように、デジタル庁は多様な専門人材で構成される稀有な行政組織である。他の行政組織からは「特殊な行政組織」と見られることが多い。しかし、職員の働き方に対する価値観の変化、国家公務員制度改革の要請、公務員離れによる人員不足が進行しているなかで、近い未来に他府省庁や自治体でもデジタル庁と似た特徴を持つ「新たな行政組織」が増えるのではないかと考えている。

　そこで、新たな行政組織の経営や運営において参考になるであろう取り組みとして、デジタル庁が行ってきた「考え方をつくる」「動き方をつくる」「変わり方をつくる」活動について具体事例とともに紹介する。

考え方をつくる（ミッション・ビジョン・バリュー）

　まず、新しい組織では、その思考の道筋を明確にし、共有することが

必要である。何を実現するために作られた組織なのか、どのような組織を目指すのか、どのような価値を大切にしたいのかを、管理職だけでなく職員一人ひとりが同じ思考の道筋を持つことが重要である。民間企業では、経営理念の定義やパーパス経営など経営活動や経営手法の一部として一般的に行われているものである。デジタル庁において、この思考の道筋にあたるものが、ミッション、ビジョン、バリュー（MVV）である。さまざまな職務経験や価値観を持つ職員が、個々の力を最大限に発揮しつつ組織的に業務を進めるためには、このMVVにより「考え方をつくる」ことが極めて重要となる。

　デジタル庁のMVVは、設立当初に全職員を巻き込みながら何度も議論を重ねて作成したものである。当時のトップであった平井大臣をはじめとする政務三役や組織幹部も議論に参加し、デジタル庁組織の総意として現在のMVVが定義された。丁寧な議論と合意形成を経て作られたMVVは、2年半経った現在でも廃れることなく、デジタル庁組織全体の考え方を示す最重要概念として位置づけられている。

　では、デジタル庁のMVVの具体的な内容を示しながらMVVの構造を説明する。まず、デジタル庁のミッションは、「誰一人取り残されない、人に優しいデジタル化」である。ここでのミッションは、組織の存在意義、何を実現する組織であるかを表現したものである。日本政府は、デジタルの活用により、「一人ひとりのニーズに合ったサービスを選ぶことができ、多様な幸せが実現できる社会」、「誰一人取り残されることなく、多様な幸せが実現できる社会」の実現を目指している。ここに掲げた目指す社会の実現がデジタル庁の役割であり存在意義である。デジタル庁のミッションはこの目指す社会の実現を表現したものである。

　次に、デジタル庁のビジョンは、「やさしいサービスのつくり手へ：Government As a Service」と「大胆に革新していく行政へ：Government As a Startup」である。ビジョンは、組織が目指す姿、向

かうべき理想像を表現したものである。「やさしいサービスの作り手へ」は、デジタル庁が社会を支える公共デジタル基盤を整備し、生活者や利用者視点の政策や行政サービスを届けるプラットフォーマー、サービス提供者となることを意味している。「大胆に革新していく行政へ」は、政策や公共デジタル基盤の変革に加え、組織の制度、体制、プロセス、文化も革新することを意味している。未来の行政組織のあり方を探索し提示することもデジタル庁の役割である。

　最後に、デジタル庁のバリューは、「一人ひとりのために」、「常に目的を問い」、「あらゆる立場を超えて」、「成果への挑戦を続けます」である。バリューは、組織として共有したい価値観であり、職員の行動指針を定義している。また、バリューはミッションやビジョンを実現するためにどのように活動すべきかを示している。「一人ひとりのために」は、利用者や職員一人ひとりを中心に考える原則を示している。「常に目的を問い」は、従来の慣例や慣習にとらわれず、あるべき姿を問い続ける意思を表している。「あらゆる立場を超えて」は、さまざまな経験や経歴を持つ職員が協力すること、そして、組織や地域、公共や民間の壁も超えてさまざまなステークホルダーと共創することを表している。「成果への挑戦を続けます」は、新しい課題にも果敢に取り組み、成果が出るまで継続的に改善を繰り返す姿勢を表現している。

　これまでの人材流動性が低く、終身雇用を前提とした行政組織では、業務や人間関係を通して時間をかけながら組織固有の考え方を職員全員が暗黙的に共有することが可能であった。一方で、さまざまな専門性を持った人材が集まり、一定の任期がある働き方を前提としたデジタル庁のような「新たな行政組織」では、今までの行政組織のアプローチは機能しない。組織の目指す方向や価値観をミッション、ビジョン、バリューのようなかたちで言語化し、繰り返し共有することによって初めて全ての職員の考え方を合わせることができるようになる。

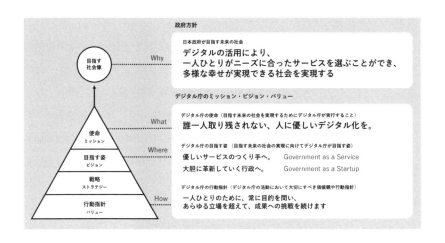

動き方をつくる（働く環境、制度、文化）

　次に、組織として行うべきことは職員の「動き方をつくる」ことである。ここでの動き方とは、先述したMVVで定義した使命、目指す姿、価値観にもとづく活動を支える環境やツール、制度やルール、文化やコミュニケーション方法を意味する。デジタル庁では、すべての職員がMVVに根差した動き方ができるように、働く環境づくり、組織制度づくり、組織文化づくりを行ってきた。

1 　働く環境づくり

　まず、「働き方をつくる」取り組みにおいて最初に着手すべきは働く環境づくりである。ここでの働く環境とは、組織内での業務遂行に関わるITインフラやデジタルツールなどの物理的環境を指す。職場の環境や業務ツールは、個人やチームの生産性に直結するとともに、人材の採用や定着にも大きな影響を与える。そのため、民間企業では働く環境は重要な投資対象として認識されている。しかし、今までの行政の経営では、働く環境への投資に対して保守的な傾向があり、数十年前からほとんど変わっていない職場も多い。行政組織においてもリモートワークやペーパーレスの導入が推奨されているが、全職員がオンライン会議やデジタルツールを使える環境がなければ、これらの導入は到底不可能である。そもそも、PC端末の性能が低いとか無線LANの環境もないという職場も散見される。もし、このような職場があったら、職場での働き方改善や業務改革、デジタル活用やデジタル改革を検討する前に、まずは働く環境や業務ツールを整備すべきである。

　デジタル庁では、設立時から全職員がオンラインで業務を完結できるように業務環境や業務ツールの整備を行ってきた。高性能なPC端末を配布、どこでもアクセスできる無線のネットワーク環境、IT企業と同様の業務ツールの導入、職場の座席もフリーアドレス化を行った。また、BYOD（私用端末での業務環境の実現）も推進し、どこからでもセキュリティが確保された状態で業務を行える環境を実現している。これらの環境整備と業務プロセスの改善を行ったことにより、リモートワークやペーパーレスの導入が進み、業務内容や家庭の都合などに合わせて働き方が選べる職場となっている。実際に、デジタル庁の働く環境は、他の府省庁や自治体から出向している職員にも高く評価され、満足度も高い。また、リモートワークを希望する専門人材や自治体出身の職員の採用にも寄与している。

働く環境の整備は、業務の生産性や職員のエンゲージメント向上に直結し効果も出やすいため、どの行政組織においても一番初めに着手すべき活動である。

2 組織制度づくり

「働き方をつくる」ための骨格になるのが組織制度づくりである。組織制度とは、組織の運営と管理を効率的かつ効果的に行うために設定された一連のルール、手続き、ポリシー、基準、および構造のことを指す。これらの制度は、職員がどのように行動し、意思決定し、相互作用するかを規定し、組織の目標達成を支えるものとなる。

デジタル庁の設立当初は、情報共有やプロジェクト管理の仕組みなどの組織制度が不足していたため合理的な組織運営や組織的な活動が難しい状況であった。これらを解決するために、継続的に新たな制度やルールの規定や改善を行ってきた。

まずは、プロジェクトの合理的な推進を目的として、プロジェクトの組成や運営について制度づくりを行ってきた。設立当初はプロジェクト組成のルールが規定されていなかったため、150 以上のプロジェクトが乱立し、経営層がすべてのプロジェクトを把握するのに膨大な時間がかかる状況であった。また、プロジェクト間の連携も規定されていなかったため、プロジェクト間の情報共有の不備やプロジェクトを横断する意思決定の衝突が生じていた。そこで、関連するプロジェクトのグループ化を行い、プロジェクトの統廃合を実施した。さらに、プロジェクト組成のルールも定義した。その結果、150 以上あったプロジェクトは約 100 まで整理まで整理され、関連するプロジェクトでの情報連携も遠結に行われるようになった。現在、プロジェクトを担務、複数のプロジェクトをまとめたグループを担務群と命名し、マネジメントや情報共有に適したプロジェクト運営を行っている。

142

次に、プロジェクトの品質向上を目的として、プロジェクト監理プロセスの整備やルールづくりを行ってきた。プロジェクトの標準的な推進プロセスは政府の標準ガイドラインで定義されているものの、組織内のプロジェクト管理の仕組みは未整備であった。そのため、プロジェクトごとに品質のばらつきやリスク検知の遅れが発生するなど、多くの課題に直面していた。この課題を解決するために、プロジェクト監理のプロセスの標準化を行った。このプロセスでは、プロジェクトの段階を、要件定義、予算要求、調達、設計、開発、リリース、運用に分類し、プロジェクト監理を行う組織「政府DXチーム」が段階ごとに評価や支援を実施する。また、調達時とリリース前の評価と支援は評価シートを導入して重点的に実施し、誤って品質の低いシステムやサービスがリリースされないような仕組みとしている。この標準プロセスを導入したことにより、一貫した品質管理、効率的なプロジェクト推進、早期段階でのリスク検知を組織的に行うことが可能になった。

　そして、適時の情報共有と合理的な意思決定を目的として、経営管理のルール化や組織横断での情報共有の仕組みづくりも行ってきた。デジタル庁立ち上げ時から、組織全体の経営を担う官房機能の人員不足が生じており、組織全体の統制が機能しにくい状況が続いていた。このため、組織横断での意思決定や情報共有に時間を要する、組織全体の戦略や方針が現場まで伝わらないなどの課題を抱えていた。そこで、官房機能を担う「経営企画室」を組成し経営管理の機能を強化するとともに、大臣を含む政務と幹部が出席する「経営企画会議」を設置し、組織横断での情報共有や意思決定を迅速に行う仕組みを整備した。また、この経営管理の取り組みのなかで、プロジェクトの目標や指標の定義も組織横断で実施し、組織全体の戦略や方針の明文化も行った。これにより、組織的な情報共有や意思決定が円滑に行われるようになってきている。

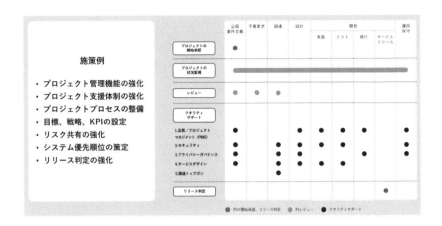

3 組織文化づくり

「働き方をつくる」ための基盤となるのが組織文化づくりである。ここでの組織文化とは、組織内で共有されている価値観、信念、行動規範、習慣などの集合体を指す。これらの要素は、組織内における職員の行動、意思決定、コミュニケーションをかたちづくる。また、組織文化は、明示的なルールや方針だけでなく、暗黙的な共通認識も含まれる。デジタル庁では、複数のコミュニケーション活動を通じて、MVVに基づく組織文化づくりを行っている。

まず、経営陣と職員間のコミュニケーション活動として、毎月1回オールハンズミーティングを実施している。オールハンズミーティングとは、組織全体のメンバーが一堂に会して行われるミーティングであり、経営陣から職員への直接的な情報共有と双方向のコミュニケーションを目的としている。デジタル庁のオールハンズミーティングは、オンラインや対面で実施しており、大臣、副大臣、政務官、行政幹部、CxOやプロジェクトリーダーなど経営陣やリーダーが組織全体の戦略、重要プロジェクト、職員の功績などを全職員に直接伝える場となっている。このミーティングを通じて、組織内の階層から生じる心理的な障壁をな

くし、自由な意見交換や透明性の高いコミュニケーションを行える文化づくりを進めている。

次に、組織全体のコミュニケーション活動として、組織のコミュニケーションポリシーを明示している。コミュニケーションポリシーとは、組織内での職員同士のコミュニケーションのプロセスや手段をルール化したものであり、効率的で合理的なコミュニケーションの実施を目的としている。デジタル庁では、同期と非同期によるコミュニケーションの定義、ビジネスチャットの利用、ペーパーレスでの情報共有などをルール化している。デジタル庁発足当初は、行政出身の職員と民間企業出身の職員の間でコミュニケーションのルールが異なり、円滑に情報共有できない問題が生じていた。コミュニケーションポリシーを定義することにより、組織内で統一的な手段が確立しコミュニケーションが合理化されるともに、プロジェクトを横断したコミュニケーションや情報共有の定着、迅速な意思決定にもつながっている。

そして、マネジメントと職員間のコミュニケーション活動として、1on1ミーティングを導入している。1on1ミーティングとは、上司と部下が定期的に行う1対1の対話の場であり、個々の社員の成長やパフォーマンス向上、信頼関係の構築を目的としている。民間企業では一般的に実施されているが、霞が関で導入している組織はまだ一部である。デジタル庁では、定期的な1on1ミーティングの実施を組織のルールとすることで、組織全体でマネジメントが職員に向き合う時間を確保し、マネジメントと職員との関係性強化を行っている。

最後に、組織全体での表彰制度について紹介する。デジタル庁では、MVVの理解促進や組織浸透を目的として「MVVアワード」という表彰制度を導入している。このMVVアワードは、年に1度、MVVを体現しているプロジェクトや職員を選定し、オールハンズミーティングで表彰を行う制度である。この取り組みを通じて、組織全体で大事にすべき

考え方を具体事例として共有すると同時に、職員が組織に誇りを持ち、やりがいを感じられる環境づくりを進めている。この他にも、有志職員が集まりMVVの浸透活動を行うバリューアンバサダー制度や、職員の自主的な勉強会の開催、デジタル庁グッズを制作するなど、さまざまな有志活動を推奨し、デジタル庁らしい組織文化づくりを行っている。

変わり方をつくる（組織サーベイ）

　最後に、「変わり方をつくる」取り組みを説明する。ここでの変わり方とは、継続的な組織改善を意味する。業務内容や所掌の範囲が定期的に変わる組織や、人材の流動性が高い組織においては、組織内外の環境変化に対応し続けることが求められる。組織内外の環境変化に適応するためには、組織を継続的に改善する仕組みとして「変わり方をつくる」営みが重要となる。また、これらは組織全体の取り組みであるため、組織トップが強い決意を持ち、継続的に主導することが前提となる。また、これらの取り組みにおいて大事な観点は、常に職員中心で実行することである。職員がMVVを理解し体現できるような環境や仕組みを整備し、組織全体で文化を醸成できているかを注意深く観察しなければならない。

　デジタル庁では、変わり方をつくる活動として年に数回の組織サーベイを導入している。組織サーベイとは、企業や団体が組織内の状況を把握し、改善点や強みを特定するために行うアンケート調査で、従業員の意見や満足度、職場環境、組織文化など多岐にわたる項目についてデータを収集し、組織の現状を客観的に評価するための活動である。

　デジタル庁の組織サーベイは、人事チームが中心となり計画、実施、分析を行っている。この分析結果に基づき組織改善に向けた活動を継続的に実施してきた。具体的には、2022年上期は、組織全体で合理的に

CHAPTER 10
行政経営システム改革のヒントとしてのデジタル庁

プロジェクトを推進するために、組織全体の戦略を見直しデジタル庁が取り組む3つの領域を明確化した。また、人事基盤を整備しプロジェクトのアサイン状況の可視化を行った。2022年の下期には、組織横断的な情報共有と意思決定を行うために、経営企画機能の強化やプロジェクトの指標設計を実施、拡大傾向にあったプロジェクトの統廃合も行った。また、組織拡大に合わせて、人事評価制度の見直しも実施した。2023年上期には、プロジェクトの品質向上やリスクマネジメント強化のため、プロジェクト管理や支援プロセスを整備。マネジメントや人事体制の強化も実施した。

このような取り組みが組織的かつ継続的に実施できる理由として、大臣を含む政務もこの組織改善の活動を後押ししていることと、職員全員が集まるオールハンズミーティングを活用しながら、組織サーベイの結果や今後の取り組みについて丁寧に職員とコミュニケーションを行っていることが挙げられる。組織トップやマネジメントが職員視点で考え、変わり続けることを前提とした仕組みが、「新たな行政組織」を支えている。

「公共価値」を最大化するために

　ここまで、「新たな行政組織」の経営や運営において参考になるであろう取り組みとして、デジタル庁が実行してきた「考え方をつくる」「動き方をつくる」「変わり方をつくる」取り組みを紹介した。ここで、「新しい行政組織」を実現するための視点として、行政機関による「公共価値」の創出について触れたい。公共価値の概念はマーク・ムーアによって提唱された概念である。マーク・ムーアは公共価値について、政府機関が国民に評価される成果を生み出すときに創造され、提供されるサービスの有効性と効率性だけでなく、広範な社会的成果および国民から得られる正当性と支援も含むと説明している。また、公共価値を創出するための3つの主要な要素として、公共価値（Public Value）、運用能力（Operational Capacity）、正当性と支援（Legitimacy and Support）を挙げている。今まで説明してきた活動は、公共価値の創出に必要な行政組織の運用能力の強化に該当するものであり、この公共価値を最大化することが「新しい行政組織」の目的になると考えている。既存の行政組織の人材、技術、予算、組織構造における考え方を再考し、新たな仕組みを構築することで、国民に評価される公共の価値を最大化することができると考える。

　次に、公共価値を最大化する要素の1つである正当性と支援に関わる取り組みについて紹介する。正当性と支援は、国民や関係者との信頼関係を築き、彼らの積極的な参加と協力を得る取り組みである。この正当性と支援がなければ、公共部門はその使命を効果的に遂行することが難しくなる。国民や関係者との関係性づくりは行政機関がその使命を達成し、持続可能な公共価値を創造するための基盤となるものである。以下に国民や自治体との信頼関係や協力関係を強化するための事例としてデジタル庁の活動について説明する。

1　国民との関係性づくり

　デジタル庁では、国民との関係性づくりにおいて、設立当初から積極的な情報公開を行い活動の透明性確保に努めてきた。情報公開とは、行政機関が保有する情報を国民に対して適切に提供することである。情報公開を行うことにより、国民の行政機関に対する信頼向上や政策の理解促進につながる。どの行政機関でも、情報公開制度にもとづき政策や行政サービスに関する情報の公開を行っている。一方で、それらの情報は法律などの定義に照らし合わせて表現することが多く、難しい言葉、文章、言い回しが非常に多い。結果として、行政に携わる人しかその内容を読み解くことができず、これが、一般の国民にとって行政との関係づくりの障壁になっている。また、公開情報もPDF形成のみで公開される情報もあり、ウェブサイトでの検索性の低下やアクセシビリティの観点でも課題があった。

　デジタル庁では、これらの課題を解決するために、複数のメディアを展開することにより、利用者の要望、行政に関する知識、利用するメディアに合わせた情報提供に取り組んでいる。デジタル庁のウェブサイトは、事業者の方や報道関係者の方を対象とした情報提供の役割を担う。簡潔で見やすいレイアウトで構成し、ユーザビリティやアクセシビリティの観点からも利用者から高評価をいただいている。このデジタル庁ウェブサイトの主要な利用者は行政関係者であるため、法律などの定義を参照した「硬い表現」としている。一方、X（旧Twitter）などのSNS、デジタル庁note、2023年末から公開したデジタル庁ニュースは、一般国民向けに情報提供を行うメディアとしての役割を担っている。これらのメディアでは、一般の生活に直接関連する政策や行政サービスを中心に情報を整理し、できる限り専門用語をつかわない「柔らかい表現」により情報提供を行っている。また、マイナポータル、Visit Japan Web、デジタル認証アプリなどデジタル庁が提供する国民向けサービス

に関しては、専門のウェブサイトページを公開し、サービスの更新情報や質問への回答など利用者が知りたい情報に辿り着きやすい情報設計を行っている。

　デジタルメディアを複数展開することに加え、政策の進捗や成果について、多くの国民の方々がわかるようにデータを活用した情報公開も行っている。具体的には、政策データダッシュボードや年次報告を通じた情報提供である。政策データダッシュボードでは、政策の進捗をグラフや図で直感的把握することができるとともに、統計データの公開も行っている。また、年次報告では、社会のデジタル化に関する意識調査や、政策や行政サービスの進捗や成果について数値での公表を行い、社会のデジタル化の状況やデジタル庁の取り組みについて年次で定点観測ができる仕組みづくりを行っている。これらの取り組みは、データや事実にもとづく政策の評価や行政サービスの改善に寄与するだけでなく、多くの国民の方々が社会のデジタル化について興味を持ち、自分ごととして考えるきっかけとして機能することも目的としている。

　また、デジタル庁での情報公開の特徴の1つに、政策や行政サービスに関する情報だけでなく、組織づくりの実情や多くの職員の働き方など組織内部の情報を積極的に発信していることが挙げられる。2021年から2022年3月にかけて、「Govtech Meetup」というオンラインイベントを開催した。このイベントにおいては、企業、国民、自治体などの関係者やデジタル庁での仕事に関心を持つ人々に向けて、デジタル庁がどのような活動を行っているか職員視点での情報提供を行った。また、デジタル庁noteやデジタル庁ニュースにおいては、職員自らが政策や働き方などを語る記事や動画を積極的に公開している。こうした発信は、民間企業では一般的な活動であり、デジタル庁以外の行政組織でも少しずつ広まりつつある。組織内部の取り組みの公開は、社会に対する情報提供だけでなく、採用広報として、また、職員が組織の方針や仲間の考え

を理解するメディアとしても機能する。

　このように、デジタル庁では、国民との関係性づくりに向けて複数のメディアの展開、データを活用した情報提供、そして組織内部に関する情報発信を行ってきた。しかし、情報公開に関する行政機関の慣習として、関係者からの反論や批判を最小化するために、公開する情報も限定化する傾向が強い。特に、政策に関わる数値やデータは正確性も問われることから、公開を躊躇する場合が多い。一方で、このような慣習の積み重ねが国民と行政機関との信頼関係構築や国民の政策理解の機会や接点を減らしてきたともいえる。国民との関係性づくりにおいては、まだまだ改善すべき点は多いものの、デジタル庁では庁内や関係省庁との連携や調整に多くの時間を費やしながら、情報公開の仕組みづくりを進めている。

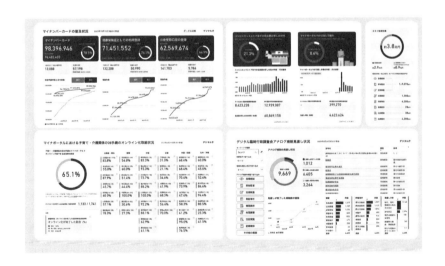

2　自治体との関係性づくり

　公共価値を最大化するための基盤づくりとして、国民だけでなく、自治体や民間企業とのコミュニケーションも極めて重要である。新しい行政機関であるデジタル庁では、自治体や民間企業との関係性づくりも積極的に行ってきた。

　自治体との関係性づくりにおいては、地方自治体の基幹業務システムの統一・標準化の政策のなかで、総務省と連携しながら綿密なコミュニケーションに努めてきた。この政策は、2025年度末までに約1,700の自治体がそれぞれ個別に開発運用してきた20の基幹業務システムについて標準化を行ったうえで、国が提供するガバメントクラウドに移行するという野心的な取り組みとなる。この政策を実現するためには、標準仕様を策定する国とそれに準拠したシステムを開発・運用する自治体や民間企業との連携が必須である。政策推進の初期段階においては、国と自治体とのコミュニケーション手段として、総務省が構築したPMOツールのみを活用していた。関係省庁の担当者と自治体の担当者とをつなぐ公式なコミュニケーション手段として確立されたものであったが、1,700を超える自治体からの個別の問い合わせに対して関係省庁の担当者が個別対応するには限界がある。そこで、デジタル庁では、「共創プラットフォーム」を活用して自治体の職員同士が支援し合う直接対話型のコミュニケーションも併用することとした。共創プラットフォームとは、自治体と政府機関の職員であれば誰でも参加することができるSlack（ビジネスチャットツール）によるコミュニケーションプラットフォームである。このツールを活用することにより、自治体同士の横連携や共創を促進させるとともに、自治体からのさまざまな問い合わせに対して、各省庁の担当者が対応するだけでなく、他の自治体での事例紹介や有識者の支援により問題解決できるようになってきている。また、多様な視点での議論からリスクの早期発見にもつながっている。2024

年3月時点で、1,333の地方自治体から約7,000名が参加するプラットフォームまで拡大し、地方システム標準化以外の政策や行政サービスについても活発なコミュニケーションが行われている。

また、デジタル庁では、自治体の疑問や悩みに丁寧に対応できるように、自治体リエゾンを設置した。デジタル庁に出向している自治体の職員が47都道府県の窓口となり、定期的に情報共有を行う仕組みを整備している。さらに、2024年から都道府県のデジタル部門の責任者とデジタル庁幹部が情報共有を行う「デジタル政策相談窓口」を開設した。数カ月に1回のオンラインミーティングとSlackによる情報共有を実施している。そして、大臣が自治体の首長の方々とオンラインミーティングを行う場も不定期で開催している。

このように、階層的にコミュニケーションが行えるような仕組みをつくり、国と自治体との円滑なコミュニケーションを図っている。行政組織では、情報共有の範囲を規定するために階層ごとのコミュニケーションを重視する傾向がある。そのため、複数の階層でコミュニケーションの接点を整備することは、組織内の心理的安全性を確保する点においても重要である。

今後に向けて

本章では、新たな行政組織づくりの一助になればと思い、デジタル庁が取り組んできた組織経営に関する取り組みと公共価値を最大化する活動として国民、自治体との関係づくりについて紹介した。デジタル庁も設立から2年半が経ち、ようやく組織としての輪郭も見えつつある。しかし、行政機関出身の職員と民間企業出身の専門人材の効果的な連携を引き出すための組織制度や文化形成はまだ途上である。予想以上の成果が出ている部分もあれば、新たな壁に直面して試行錯誤している部分も

ある。また、これまでの行政組織が抱える非効率な業務の見直しも十分とは言えない。

これらの課題の背景には、現状の公務員制度や立法プロセス、今までの慣例や慣習が深く関わっている。たとえば、公務員の給与や定員制度、国会対応による深夜残業の常態化、紙ベースでの立法プロセス、年功序列の人事評価、短期間での職員の配置転換などが挙げられる。

一方で、今まで培われてきた公務員の理念や行政制度の上に安定的な社会システムや公共サービスが実現していることも忘れてはならない。

デジタル庁は、自らの組織改革を通じて、行政組織において変えるべき慣習や制度、残すべき理念や活動を明らかにし、日本の行政組織全体の変革を促していく役割を担っていると考える。そういう意味では、デジタル庁の取り組みは、行政経営の変革の最初の一歩を踏み出した過ぎない。今後も公共価値の最大化に向け「新たな行政組織」づくりに尽力するとともに、その活動内容や成果を行政関係者のみならず広く世の中に共有していきたい。

特別収録

行政組織を経営するうえでの課題とアプローチ

浅沼尚デジタル庁デジタル監×宮坂学東京都副知事　対談

浅沼　尚 デジタル庁デジタル監

慶應義塾大学院を卒業後、大手メーカーにデザイナーとして入社。その後、デザインコンサルティング会社で体験デザイン戦略策定とデジタルプロダクト開発支援に従事。2018年からメガバンクの戦略子会社でデザイン組織立ち上げを実施。2021年9月にデジタル庁のChief Design Officer就任を経て、2022年4月にデジタル庁デジタル監に就任。

宮坂　学 東京都副知事

1997年ヤフー株式会社入社、2012年同社代表取締役社長、2018年同社取締役会長を歴任。ヤフー退社後の2019年7月東京都参与に就任、同年9月に副知事に就任、2023年9月に再任し、CIOとして都政のデジタル化を推進中。2023年9月に事業をスタートした「GovTech東京」の代表理事に就任。また、東京を世界で最もスタートアップフレンドリーな都市にするための戦略にも取り組み、2024年5月に開催したグローバルスタートアッププログラムの実行委員長を務めた。

本章では、デジタル庁においてデジタル監として、組織や実務の監督等、経営全般を担う浅沼尚氏と、東京都の副知事で、GovTech東京の代表理事でもある宮坂学氏との対談を収録する。国のデジタル化を担う行政組織、広域自治体の観点からの行政組織の役割について、それぞれが相手に対して聞きたい内容をぶつける対談となった。民間企業からの転身という同じバックグラウンドを持ち、現在は行政組織の経営に携わる2人から見えている行政組織の経営課題やそれに対してどのような対応を取るべきか、他の行政組織にも参考になる点が多いと考える。

組織の目標設定とその評価

浅沼　デジタル庁の立ち上げ時に、「どういうゴールを目指すのか指標（KPIなど）を示さないといけない」と多くの方から言われましたが、都庁はそれを本当にわかりやすく行われていると感じました。

宮坂　数字を見て仕事をすることは大事だと思うんですよね。「FAX減らせ」「コピー減らせ」とか、デジタル化の第一歩って、そういうところじゃないですか。難しいことをやるよりも、まず、紙をやめるところから始めないと話にならない。そのときにKPIをちゃんと出して、部門ごとでわかるようにする。今までの仕事の経験からもKPIは意識してきたことですが、**数値化して部門間を競争させすぎるのもよくないなと思うんですよね。やっぱり、できないところってあるじゃないですか。**仕事の性格とか、忙しさとか、スキルとかによってね。できないところが、はずかしめを受けるように数値化をすると、すごく暗い雰囲気になるので、できている人を明らかにするのが可視化だと思います。うまくいっていたらそれを教えてやれというスタイルの可視化をやるのか、できていない人を浮き彫りにしてやらせるのかというスタイルの2つがありますが、後者のスタイルって、あまり続かないなと思うんです。一番減らした人には、「どうやって減ら

156

したのかを教えてやってくれ」と言っていました。**明るい可視化にしてくれ**とよく伝えていましたね。

浅沼　組織内で、KPIなどの指標を立てようとか、数値目標を決めようという話になるんですけど、その指標や目標数値を外部に出すことはとても難しいです。それ自体が変えられない目標になる、変更したり達成しなかったりしたときに多くの関係者に説明しなきゃいけないとなると、検討段階でもブレーキがかかります。都庁は数値を結構細かいところまで出していましたが、反対はなかったんですか。

宮坂　数値の見える化は絶対やったほうがいいと言いました。なぜかというと、**発射台が低いからです。5年くらいで改善した後に数値化すると、すごくつらくなりますよね。初年度は超ボーナスタイムで、2年目は絶対上がるに決まっているんですよね。でも5年も経つと、多分ボロボロの数字が出てきます。**みんな数値化を恐れるんですが、これまでやっていなかったんだから、そのぶん絶対数字は上がる。軌道に乗ってから可視化すると一番損で、数値が低い時期から可視化したほうがいいんですよ。数値が上がると自己肯定感も上がりますし、外からも「やればできるじゃないか」と言われますし、そのようなことを経て、数値化することにだんだん慣れていくんじゃないでしょうか。うまくいっていないときこそ、やっぱり、やったほうがいいと思いますね。

浅沼　私もお話を伺い、「褒める」ことは大事だと思います。行政ではどうしても減点法を前提とした雰囲気があります。チャレンジ自体がリスクという空気感です。それを加点法の世界に変えていきたい。ですので、褒めるって大事だなと思うんです。都庁で意識されて取り組んでいることはありますか。

宮坂　今、東京都のDXアワードと、区市町村のDXアワードと2つ走らせて

います。初年度から、こういうのはとにかくできるだけ派手にやるんだと言っていました。照れって伝わるじゃないですか。みんな、あまり褒め慣れてないんですよね。組織を盛り上げるために、仕事として褒めるところもあるわけじゃないですか。運営者が照れると、それが伝わってきて、微妙な雰囲気になる。そういうイベントをたくさん見てきたので、「とにかく照れずにやれ」と伝えていました。都庁に結構大きなステージがあるんですが、そこでやらせてくれと話をしました。メディアにも、「来てください」と声をかけて来てもらいました。そのイベントも2回目くらいから華やかな雰囲気になってきて、作品のレベルも徐々に上がってきてます。賞はできるだけあげるようにしていますね。**1等を選びたいわけじゃなくて、いい取り組みをできるだけ見つけてあげたいんですよね。**受賞した方に会うとすごい励みになっていて、他の職員も「来年は獲りたいと思います」などと言うようになってきました。そういう声を聞くと、やっぱり作ってよかったなと思います。区市町村版も実施しており、やってよかったなと思ったのが、DXアワードで賞を獲ると、多くの人がそのプレゼン中や終了後に、「この取り組みを自分の町だけじゃなくて東京都全体に広げたい」と言ってくれたことです。今までは恐らく、そのチャネルがなかったと思うんですよね。そのため、「これ、隣でもやればいいのにな」と思ってもなかなか広がらなかった。区市町村の公務員、1,700以上もの場があると実感すると、**自分の創意工夫が日本全体に広がる可能性があると、かなりやりがいにもなると思います。**それぞれの創意工夫を見つけてあげる、ある種、ミツバチみたいな役割なのかなと思いました。デジタル化でも、小さい花から大きい花までいっぱいあるわけですよ。それを"受粉"して隣に持っていってあげると、（取り組みが）移るじゃないですか。あくまでもやるのは自治体なんですが、それを**隣の土地に運び、花に受粉させることが、広域自治体のできる役割なので、「DXの花を各地域で咲かせてください、我々は隣にそれを運びます」**という話をしました。日本全体でいくつか事例が出てきていて、いいと思いますね。

特別収録

行政組織を経営するうえでの課題とアプローチ

浅沼　公共がそういう雰囲気になるのは大事ですよね。「表に出ないということが美徳」じゃないですが、我々は裏方だから……みたいなところはたしかにありますよね。もちろん公共の役割としてはそうかもしれませんが、もう少しアピールしていいのではないかと。

宮坂　基礎自治体が1,700以上あって、都道府県47個でそれぞれ分かれていて、自分たちの個性を表現する地方自治でいいと思うんです。**自治体はいっぱいあってもいいけど、ただ、公共は1個じゃないですか**。公共は1,000個もいらない。よく、○○業界という言葉で括ると思うんですが、"公務員業界"とは言わないなと思うんですね。公共を担うという意味では業界仲間なんですけど、ノウハウの公開もあまりなかったので。デジタルになるとますます公共は1つでやろうという方向にいくでしょうし、ぜひ、業界というか仲間意識はつくりたいですよね。

使われる行政サービスをつくる

浅沼　私はデザインをバックグラウンドにしているので、公共や準公共の世界でどう市民の要望や思いを政策やサービスに溶け込ませていくか、それを持続的に行えるかという点にとても関心があります。このあたりについて、東京都はどういう取り組みをされているか、お伺いしたいです。

宮坂　都庁では、デジタルサービスの10原則を有識者の方につくっていただきました。その1番目に書いてあるのが、「顧客視点でデザインしよう」ということです。当たり前なんですが、**使う人本位に物事を考えてやりましょう、という話です**。行政って、ちょっと提供者視点でサービスをつくっちゃう傾向があるなと感じていまして、そこは改めないといけないと思います。今だとデザインリサーチという言葉にあたりますが、サービスを使う人に会ってつくるということです。意外と、サービス利用者に会わ

159

ないままに、つくり出してしまうことが多く、「こういうデジタルサービスをつくります」といった説明をされ、「誰が使うの？」と質問すると、「こういう人です」と回答が返ってきます。「その利用者に会ったことはあるの？」と聞くと、「いや、会ってないです」と返ってくるため、「それはダメでしょ」という話になる。自分で利用者の顔を見るというのは第一歩だと思うんですよね。もちろんデータも大事です。客観データも大事ですが、1次情報を持っていない人の客観データってあまり信用できないので、まずは1人でも5人でもいいから自分で会ってきてと職員に言うようにしています。

　また、「テストしないものはリリースしない」というキャッチコピーの下、リリース前に必ずユーザーテストをやろうということも始めました。実際にサービスが始まる前に使ってもらうと、いろいろ言われるわけです。当たり前ですよね、ずっと妄想でつくっていたわけですから。自分たちが想像した使い方を利用者はしないというのを自分の目で見るわけですよ。「こっちクリックしてー」とサービス提供側が思っていても、そのとおりにやらないでしょう、利用者って。ユーザーテストを行うことで、わからなかったことがわかるようになってきます。上流の企画段階から利用者の声をちゃんと聞くというのが1つめ。次にデザインのプロトタイプができた時点で一度利用者の声を聞き、最後のリリース前にもう一度聞く、ということをやってみたいと考えています。来年度くらいから、いくつかできればいいなと進めています。

浅沼　先に東京都さんのガイドラインがあったので、デジタル庁が立ち上がってから、大いに参考にさせていただき、後追いの形でやらせていただいています。

宮坂　いえいえ。我々のガイドラインを参照いただいたことがありがたいですし、我々もデザインシステムを使わせてもらっています。先ほど、「公共は1個」と話しましたが、ガイドラインやデザインシステムとかの▼

ニュアル類って、本当にみんなが一からつくる必要ないと思うんですよね。オープンソース的な考え方で。税金でつくっているわけですから。生成AIガイドラインを出したりもしましたけど、とにかくガイドラインのうしろには、もう自由にコピペしてくださいと書くようにしています。そういう考え方でみんなが知恵を乗せ合うというんですかね。**1,700以上の自治体が1個ずつイケているガイドラインとかプロダクトをつくると、それだけですごい知的財産が生まれるじゃないですか。**公共の財産にするんですね。**デジタル公共財**と呼ぶ人もいますけど。行政においてどうデザインをよくすればいいのかなど、**いろいろな試行錯誤のドキュメント類には、公務員業界の全員がフラットにアクセスできるようにすべき**だと思いますね。

浅沼 本当にそのとおりだと思います。税金を有効に使う観点でも、もっともっとオープンにしないといけないなとは思います。話は少しずれますが、都庁の教育プログラムをオープンにしているじゃないですか、ああいう活動が日本全体でできるといいですよね。同じものをバラバラにつくる必要はないですから。

宮坂 デザインに関しては特にそう思うこともあって。たとえば、UIのいいサービスをつくるために必要なツールってありますよね。**ツールって、バラバラである必要はまったくないと思うんですよ。互換性がなくなっちゃうんで。仕事をする道具は1個でいいと思います。道具がそろうと、トレーニングがそろうじゃないですか。**同じ教育を受けられますよね。総務省や自治大学校とかでトレーニングをやってくれたらいいなと思っているんです。全国共通で、同じウェブデザイン編集ツールを使ってリサーチしながらつくってみましょう、とかね。**ツールとつくり方の研修がそろうと、その成果物を隣に導入しやすいと思うんですよ。**だから、基幹業務、日常業務の共通化・標準化というのをやっていますけど、道具の共同化、できるだけ同じ道具を使って、みんなで仕事しましょうってやると、研修がそろうと思うので、つくった何かを横展開したり、隣に教えに行ったり、

ヘルプに行きやすくなると思うんです。手を動かすときに一気に生産性が上がると思います。デジタル庁の皆さんと一緒になってやるとか、東京都だけでやる必要はないと思うんです。いいガイドラインがあったら、それをどんどんブラッシュアップしてくれたらありがたいですし。たとえば東京都が作った何かをデジタル庁さんが使ってバージョンアップしてもらって、それを東京都も使いたいですし、他の道府県や区市町村が再利用して、さらによくしていくなど、ちょっとずつ進化させていければいいですね。

浅沼　そうですね。特に共有可能なコンテンツなどは、別々につくる意味がないように思います。顧客視点や利用者視点の導入で難しいと感じるのは、**企画の初期段階から埋め込まないと直らないこと。後から導入しようと思っても、「じゃあ、1年後」みたいな話になってしまう。**どのように上流工程に持っていくというところが、まさに今、プロセスづくりとして難しいなと思っています。まだ職員全員がユーザーの要望や期待を確認しながらデジタルサービスをつくること自体の成功体験があるわけではないので。いくつかのプロジェクトでは、外部事業者の方々と協働して、企画の初期段階から利用者視点を導入することをやり始めてはいます。成功体験を得た職員を広げていって、「これが普通だよ」という状態までもっていければと。また、行政ですぐにでも変えなきゃいけないのは、期日までに提供したら、**もうそこで仕事終わりみたいな感覚が一定あること。国でも、それこそ制度を決めて、この業務だったら執行できるよね、みたいな方針を決めて、発出して終わりといった形になってしまっている。**本来は、現場で業務として運用されて、市民のサービスが届いて、どんなフィードバックがあって、それを踏まえて次の改善に着手するところまでやらなきゃいけない。プロセスだけでなくマインドセットから変えていくことに取り組んでいます。

宮坂　それでいうと都庁は、2024年度からすべてのデジタル手続きには、ユーザーレビューを100%入れるというルールにしました。5段階評価を

導入し、全部数字化しようかと思っています。リリースしたあとに、これだけ不満な人が多いのねというのを可視化することも大事だと思いますね。

　たとえば、東京都に水道局のアプリというのがあります。今、160万ほどダウンロードされていますが、引っ越しした後の開栓作業がアプリからできるようになりました。アプリ1本で水が出てくるんですよね。料金の確認もでき、便利なアプリであるため、結構使われています。しかし、リリースする直前に僕のところに、「これをリリースします」と持ってきました。正直、「やめたほうがいい」と言ってたんですよ。アプリってログイン周りは要注意で、弱いと結構致命的になるじゃないですか。僕は、「結構厳しいと思います」と伝えましたが、とはいえ「アプリの所有者は水道局の管理で、リスク背負ってやるならいいよ」とリリースしてみたんです。案の定、最初の評価は非常に低かったんです。リリース当初はアプリストアで評価が1点台だったんですかね。レビューとかも散々で大変なことになっていたんですよ。でも、彼らには、レビューにちゃんと向き合えと言い、彼らは真面目に1件ずつ向き合い、謝罪とともに全部レビューの返事を書いていました。

浅沼　すごいですね。民間企業でもそこまでやらないんじゃないですか。

宮坂　すごい数のレビューがくるんですよ。それを1個ずつ返事して、指摘箇所を直しているんですよね。久しぶりにアプリのレビューの評価を見たら、4点台になっていました。**アジャイルとか、今まで行政がやったことのないやり方でも、利用者の声に向き合って、直せないことは直せないと言えばいいし、直せることは直せば絶対よくなるんだなと実感したんです。**小さな成功体験ですが、**サービスを出しっぱなしにせずに利用者の意見をちゃんと聞いて、直す。これはどんな仕事でも同じだと思うんですよね。**それをやればデジタルも絶対よくなるなというのを1つ感じました。成功体験もちょっとずつ出てきたんで、それをぜひ当たり前にしたいと思います。ただ、もう1つ、欲張った目標も考えなきゃなと思っていて。リリー

スした後に利用者の声を聞いて、直して4点台を出したわけですよね。じゃあ、なんで最初から3点台にいけなかったのかと。それが多分、次の問いなんですよね。最初に不都合を感じた人がたくさんいることは、提供側の職員だって嫌ですよね。最初から4点台は無理でも、**3点台くらい取れるポテンシャルは持っているのに、なんでリリース上流でやれなかったかと思うんですよね。そこが今後の伸びしろなんだろうなと思いながらやっています。**

行政組織のあり方

浅沼　宮坂さんが東京都さんでチャレンジされている行政組織づくりについて、どんな取り組みを行ってきたか、今後の取り組みについてもお伺いしたいです。ぜひ参考にしたいなと思います。

宮坂　都庁でデジタル化の仕事とスタートアップ推進の仕事をしていますが、実はもう1つやっていて、あまり外には見えない仕事なんですけど、「シン・トセイ」という構造改革プロジェクトを進めています。やりたいことはよいデジタルサービスを出すことですが、それは利用者から見える部分ですよね。要するに氷山の上の部分です。氷山で見えるところは少ししかないから、もっとそれを大きくしたい。それも、くすんだ、汚い色じゃなくて、ピカピカのきれいな氷山にしたいんです。そのためには、下を大きくしないといけないじゃないですか。氷山の見えない部分は、予算の仕組みとか、デジタルのものをつくるときに、**上流でちゃんとデザイナーの意見を入れるとか、ユーザーテストやるとか、そういった部分だと思います。また、人事的な評価の仕組みや、働き方もそうですよね。**小さな話ですが、テレワークしてもいいよとか、あと、職員の働く道具を変えるとか。

　氷山の上側をよくしようと思うと、下側をやらないといけない。そこを「シン・トセイ」というふうに呼んでいます。今4年目に突入し、毎年1個ずつテーマを決めて、進化させている途中です。最初は6つのプロジェク

トがあったんですが、紙減らそう、キャッシュレスやろうとか、そういう話が多くて、6個のうちの4個か5個が、いわゆるデジタルの話でした。4年回すと、だんだんデジタルの話ではなくなってきていて、**調達の仕組みを変えていこうとか、社風をもっとよくしようとか、今、オープン＆フラットにしていこうという、都庁には一番難しいことに挑戦しています。**オープンとは、多様性、男性だけじゃなく女性も、中の人だけではなく外の人もとか、そういった多様性をつくろうというのもやっていきたい。また、フラットというのは、たとえば多様な人が集まっても、「いや、上司がしゃべる前に自分はしゃべれない」とかありますよね。行政はいろいろな方と対話しないといけないので、オープンはマストだし、一方で、そこでフラットじゃないと集まる意味がないと思います。徐々に、デジタルサービスをつくるというのとは別の**組織文化とか、もっと踏み込んだことをやらなきゃねということで取り組んでいますね。**

浅沼　なるほど。そのあたりの取り組みのノウハウというか、プロセスみたいなのも、ぜひ私も学びたいです。今のお話にあったように、日本全体で公務員の環境を改善していく取り組みは大事ですよね。その際、どこから着手していけばいいかなど情報やノウハウの共有も進んでいないので、自治体も試行錯誤しているのではと思います。

宮坂　たしかにそうですね。区市町村の方とお会いすると、「デジタル化をしろとオーダーはいろいろなところから来るんだけど、最初に何をすればいいかわからない」とはよく聞きます。**改革ってラーニングコストが発生するじゃないですか。やり方を覚えないといけないので、面倒くさいなって部分もありますよね。**だから、シンプルに、会議室にちゃんと大型ディスプレイを置いていますとか、そういうことから始めるのでいいんですよね。まだ有線LANしかない自治体って結構あるんですよ。無線を整備して、LANの速度が上がって、ぶつぶつ切れず会議ができるようになりました、とか。パソコンのスペックをちょっと上げますとか。そういった第

一歩って、道具であるハードウエアを中心に置き換えることが大事かなと思います。**ソフトウエアの置き換えだと業務が変わってしまい、意外と現場負荷が大きいじゃないですか。でも、ハードウエアの置き換えって、あまり負荷がないんですよ。**それがね、単純にみんなうれしいんです。だから、時代にそぐわないハードウエアやネットワーク周りを今のものに変えていくことが第一歩です。都庁でそれを最初にやっておいて本当によかったと今思います。デジタル庁でもGSS（ガバメントソリューションサービス）を進めていますが、利用しやすい業務環境をつくるというのが、DXの第一歩だと思っています。今、チャットとかでやり取りするじゃないですか。そういう環境が我々の間では普通なわけですよ。でも、日本の公務員のほとんどが利用しやすい環境を知らないので、そういうところをまずリプレースしていくのがすごく大切です。FAXで標準化をするってあり得ないですよね。「シン・トセイ」の構造改革チームに、区市町村の自治体から派遣で来ている職員もいまして、**自分のところにノウハウを持ち帰りたいと言ってくれています。また、都庁に来て一番何に驚いたかと聞くと、働く環境が違い過ぎると言われます。**大きいディスプレイなしに、ペーパーレスをやれと頭ごなしに言われても無理じゃないですか。デジタル企業だと当たり前になっちゃって議論にすらならないんですけど、行政だと、第一歩はその辺なのかなと思いますね。

　デジタル部隊って、行政のなかで新参者じゃないですか。だから、信頼されないといけないと思うんですよね。我々が今信頼されているかはちょっと横に置いといて、「デジタル部隊に頼んで何かいいことあるの？」みたいな信頼がない状態からすべての仕事って始まるわけです。最初は「何か頼めばやってくれる」と思われるようにするのがいいと思うんです。いきなりデジタル部隊側が「仕事をこのソフトに変えろ」と伝えても、嫌がられるだけですよね。「忙しいのに覚えられないよ、そんなの」とか言われてしまいます。パソコンのスペックを上げてくださいというのは誰からも恨まれないし、いつかはやらないといけないんですよね。そういった外側から少しずつ信頼を獲得していって、本質的なソフトウエアにいくと

特別収録

行政組織を経営するうえでの課題とアプローチ

いうのもいいのかなと思います。

いかに公共セクターで人材を確保するか

宮坂 「行政のデジタル人材が不足」という話がよく出るじゃないですか。デジタル人材も不足しているんですけど、**そもそも公務員希望者の不足、公務員を辞めちゃう人の増加という、公務員業界そのものをどうやったらもっと盛り上げられるんだろうかを日々考えるようになっています。**いくらデジタル人材で公務員になる人が増えたとしても、区市町村に行って、デジタル人材だけで行政サービスをやっているわけじゃない。あくまでもデジタルは手段。ほかの職種が少なくなっちゃうと回らなくなってしまいます。どうしたら公務員業界を志望する人が増やせるのか、専門職の人が増えたらいいのかを考えなければと思っています。国から見ていて何か考えたりしますか？

浅沼 そうですね。まさしく公務員になりたい人が減っているとか、各省でも若い人が辞めちゃうといったことは現在起きていまして、国としても最優先課題として取り組まないと本当に危ないなと思っています。民間企業は、働き方や、キャリア形成や、給与などの待遇もオープンになってきていますが、**公務員の働き方や、キャリア形成などは、外からは見るとわかりにくい**と思います。給与体系や待遇を変えていくのも重要だと思いますが、**公務員ってどんな職種があって、具体的にどんな仕事をしているか、といった基本的なことをきちんと発信して、わかるように見せていくというのは大事**だと思います。外部発信にしっかりリソースをかける必要があると常に思っています。今までだと、公務員というだけで一定の人気があって、自然と優秀な人材が集まってきたと思うんですけど。

宮坂 そうですね。都庁も「シン・トセイ」で始めるんですが、今までは採用、就職で来る人、特に新卒は公務員専門の勉強をしないといけなかった

167

じゃないですか。公務員は一般教養が難しいから、もう民間でいいんじゃない？ みたいな話になっていて。そういう採用試験を切り替えてでもやらないと、いつまでも志望する人が増えないと感じています。**今、都庁の応募者は、10年で6割減っているんですよ。多分、何もしないと次の10年は8割いくよって言っているんです。**変化って増えるほうしかいかないじゃないですか。私も本当に危機感を持っています。

浅沼　今までの考え方から変えることが大事ですよね。あと、これはいろいろな意見があると思いつつも、デジタル庁がなぜ霞が関にできたかは常に考えてはいます。社会のデジタル化の推進だけでなく、**今までの霞が関の制度や暗黙のルールを、民間の知見とかノウハウを入れて変えていこう、ということも意図していた。**ここを忘れないようにしています。デジタル庁の場合、行政官は各省庁から出向で来て、1、2年で戻っていく配置転換が多いですが、期間の延長や、転籍をより柔軟に行えるといいんじゃないかなと思います。さっきの「公共は1個」という話に関連しますが、**行政職員が、新しいキャリアを築きたいと考えている場合、民間企業への転職を考える前に、霞が関内で他の省庁でこういうキャリア形成ができるよと提案することができれば、公共領域内で新しいキャリアを築く仕組みや文化ができてくるかなと。**霞が関内をその人の意思で自由に異動することができれば、省庁間の連携促進や知見の共有が進みます。省庁のサイロ化のようなものも自然に消えていくかもしれません。霞が関だけじゃなく、自治体も同じだと思います。国、都道府県、基礎自治体間の人材流動性を高める、このような仕組みができると、公共分野でのキャリ形成の幅が広がりますし、公共領域内での連携も進みます。

宮坂　そうですね。まず、公務員業界での流動性を上げるというのは結構大事かなと思うんですよ。公務員業界のデジタル系の技術者や、プロマネ、デザイナーの人が業界外に出ると、業界全体の才能の総量が減るじゃないですか。**じゃあ、この才能の総量を増やすゲームですよね。それが国に多**

いとか、都に多いとか、区市町村に多いとか、偏在はその時々で起きると思うんですけど、そもそも公共分野の絶対的な量が足りていないわけですよね。これをものすごく増やさないといけない。今おっしゃられたように、待遇勝負ではなかなか競争的な条件を出しにくいです。

浅沼　公共でキャリアを積むことによってステップアップできる仕組みやロールモデルを増やしていかなければいけませんね。**今までだと年功序列を前提としたキャリア形成に限定されていたと思います。公務員になって、その後に民間企業に転職して、また、行政に戻りたいと思ったときに、今だと民間企業でのキャリアを評価する仕組みがあまり整っていない。公務員から民間企業に転職した人材を、専門人材として高い役職で受け入れる**組織風土や文化にもなっていないと思っています。制度と合わせて風土や文化をつくっていくことが大事かなと。

宮坂　長い目で見ると、**すべての自治体に何らか技術的素養を持ったCIOが必要になってくると考えています。今は、兼職のケースが多いじゃないですか。ですが、土木や電気などにはちゃんと専属がいらっしゃるわけですから、デジタルだって絶対いたほうがいいと思っています。**少なくとも、区市町村と都道府県を入れると、多分1,800くらいのCIOポストが専任で必要になってくると思うんです。そう思うと全然足りないし、CIOがいれば、その下に部長、課長も当然必要になってくるので。行政内できちんと専門人材のポジションとかキャリアをつくっておくのも大事だと思っています。そうしないと安心して飛び込めないですよね。

浅沼　そうですね。デジタル庁もちょうど3年経とうとしているので、組織の立ち上げからいた方々が次のキャリアを考えるタイミングになっています。今お話があったように、どこかの都道府県や基礎自治体のCIOやDX責任者といった選択肢が検討できる仕組みを整備したいです。

169

宮坂　GovTech東京では、**人材紹介の免許を取りました。そこで区市町村の人材マッチング**をやってみているんですが、先日あるCIOの方と話したときに、やはり、CIO補佐官級がほしいと言われました。特にガバメントクラウドへの移行がいよいよ本格的になってきたので、それに詳しい人はいないかと相談とか受けることが多くなってきています。ただ、急に言われても、すぐに応募してとるタイプの人材なのかなという気もしており、それこそ、デジタル庁にいて、次のキャリアを考えている人をマッチングできると、お互いにいいような気もするんですけどね。

浅沼　これも話題になりますよね。行政組織での経験なく、**急に外から飛び込んですぐに活躍できるかと聞かれると、今はハードル高いなと感じています。**国も地方も似たようなところがあると思いますが、議会、制度改正、予算策定、定員、公共調達など公務員の基本ルールが転職前にわかっていると、比較的早い段階から自分の専門性とか知見を生かして業務を行えると思います。

宮坂　そうですよね。**受け入れる側の慣れも必要じゃないですか。**どれだけ技術的にできる人でも、いきなり1人でポーンと組織に入ると、うまくいかないリスクが結構高い。来る人は、やりたいことがあって来る、迎える側もそのつもりだったけど、お互いのカルチャーが合わなくて、なぜかうまくいかない、そんなケースをいろいろなところで聞くんですよね。それはお互いにとってよくない。

都庁内では、**IQ・EQに加えてDQが必要という言い方をしています。加えて、ガバメントの知識みたいなGQも。**私や浅沼さんもそうだと思いますけど、外から来ちゃったから、GQがなさすぎるんです。そして、ちゃんと教えてくれない。先ほども教育の話がありましたが、民間から人材をたくさん採用するのはいいんですけど、GQはちゃんと覚えないとできませんし。**公務員の人はどちらかというとGQ高いので、DQをリスキリングし、専門人材でDQある人は、GQをリスキリングする。**お互いにリスキリング

し合うと、ちょっとなじんでくるように思いますが、行政で必要なGQは、自治体ごとに違うように思えないですよね。だからこそ、みんなで一緒になって標準カリキュラムをつくりたいです。"30時間受ければ、だいたいの行政の仕組みが理解できます"みたいなものをつくってくれたりするとすごくいいし、私の夢としては、そういうのが自治大学校とかでできればいいなと思っているんです。寮もあるので、民間からCIOで来る人、部長クラスで来る人は1週間くらい、そこに缶詰めでしっかり勉強する。日本中に仲間もできるので、つらいときに相談もできちゃうんでね。こういった仕組みをつくれないんですかね、という話をよくしています。

浅沼　**人につく業務が多いので、見て学べ、背中を見て育てみたいなところは多いと感じますね。人についているので分業や自動化や効率化もできない。デジタルやデータ活用も進みにくい。**なんでこんなうまくいかないんだろうと考えてみると、行政の仕組みがいけないというより、組織的な慣習や情報の非対称性を起点とした属人的な意思決定などから、仕組み化や見える化が進んでいないからに行き着く。まずは、主要な業務や意思決定プロセスについて仕組み化と見える化を進める必要があります。そうすれば、もっと多くの人が活躍できる行政組織ができると思います。

宮坂　最初に都庁に来たとき、なんでうまくいかないんだろうなとイライラすることが、結構ありました。**よくよく聞いてみると、制度の縛りが結構あるなとわかりました。**これはGQがないとわかんないんですよね。今、規制改革とかアナログ規制の見直しをやっていますが、昔からデジタル分野の人は、「目視しないでドローンでやればいいじゃん」と、思っている人が多いと感じます。でも、ルールとしてダメなわけですよ。**世の中のOSはルールが規定しているんですよね。**デジタルはあくまでもその上側に乗っかっちゃっているものなので。自分はその関係もやってみてちょっとずつわかってきまして、次来る人は最初からそういう余計な試行錯誤をせずにやれるといいかなと思います。

171

浅沼　**制度があって、業務があって、システムがある。**そういうざっくりと
した階層構造の話ですね。どの階層でどう戦うかという話で。もし、業務
やシステムの階層での戦いでは変わらないよね、勝てないよねとなったら、
一段上の制度の階層での戦いの場を設けて、制度から変えにいくという思
考にすぐなるかどうか。

宮坂　民間にいる際、サービス側でデジタルをやればいいという傾向があっ
たんです。でも、行政組織に入った今は、できないときは規制緩和に取り
組むといったように制度から変えなければいけないと。そんな簡単じゃな
いと知り、これは行政側に来て初めてわかるんですよね。そういうのって、
最初からみんなわかったうえで行政に来たほうがラクだと思うんですよ。
私はその理屈がわかるまでに3年くらいかかったんで。民間の人にはこれ
からどんどん公務員になってほしいし、そういうときに最初の10時間で
どんな勉強をすべきか、どんな本を読むべきなのかとか。カリキュラムを
合わせたほうが、円滑な官民交流ができていいなと思っています。

民間事業者との共創

宮坂　行政と民間の違いってありますよね。これから行政と民間はもっと一
緒に仕事をする領域が増えていくと思いますが、両方経験されている浅沼
さんから見て、何が違うかも踏まえて、一緒に仕事をするうえでの要諦み
たいなものについて、どう考えていらっしゃるか伺えますか。

浅沼　デジタル庁に入って、デジタルサービスをつくるプロセスと、組織の
あり方については、取り組みの難易度がだいぶ違うと感じてはいます。**誰
一人取り残されないというミッションや理念を前提にして、デジタルサー
ビスの開発では、小さくリリースして、利用者のフィードバックに基づき
改善しながら、段階的によりよくしていくプロセスの導入を進める**という

点は、一般的な企業のアプローチとはかなり異なると感じました。どんなデジタルサービスでも「すべての国民が使えるように、完璧な状態で提供しないといけない」という思考からスタートする。実際は、世の中のすべての人に要望をかなえる一切の不満もない完璧なサービスをリリースことは不可能です。ですので、考え方を変えなければならない。「1つのデジタルサービスだけですべての人に満足してもらうことは無理です」と。まず、サービスを提供する前のコミュニケーションをしっかり行い、サービスの対象者や利用範囲を理解してもらう、そのうえで段階的に提供する、複数のサービスを組み合わせる、デジタルでない手段も提供する、複合的なアプローチを駆使して、結果としてみんなに行き渡るようにする、こんなところを目指していますね。

宮坂　デジタルデバイドのあり方の議論というのは、よく話題になりやすいじゃないですか。私も考えることが多いんです。"誰一人取り残さないデジタル化"と"誰一人取り残さないスマホ化"が、ごっちゃになっている気がします。スマートフォンでしてもいいけど、スマホを持っていない人もいますし、使うのが苦手な方もいらっしゃると思います。マイナンバーカードのよさって、スマートフォンがなくても使えることだと思っています、カードを持って保険証として使うといったように。ラスト30センチは、それはスマホでやることもあれば、窓口でマイナンバーカードや紙を出すこともありますけど、デジタル化ってバックエンドも含めて全部できるんです。**誰一人取り残さないスマホ化をやろうとすると、結構大変なことなので、本当にできるのかという気がしています。**あくまでもスマホ化とデジタル化は違うということで、マイナンバーカードの普及というのは、まさにスマホがない方でもすごく恩恵があります。そこを粘り強く訴えていくといいと思っているんですけどね。

浅沼　窓口のDXも、今、積極的にやっていますが、これこそ、まさに「誰一人取り残されない」を実現する施策です。窓口業務の改革と効率化、デ

ジタル活用によって、職員に時間的な余裕をつくる、その時間を使って、窓口に来たデジタルに不慣れな方をサポートする。もちろん、窓口に行かずともスマホだけでサービスを完了できることも同時に進めます。このような取り組みを広げていきたいと思ってます。

宮坂　官民共創はよく言われていますが、どのように進めていくと、もっとよくなりますかね。

浅沼　デジタル庁で、多くの国民が使うデジタルサービスを、提供する方針になったとき、「国がどの範囲でデジタルサービスを提供するのか」、事業者の方々は気になると思います。ここは事業者の皆さんと密にコミュニケーションを取る必要があると思います。**今後、5年間くらいのロードマップをしっかり示しながら、公共領域の範囲を提示していくことが必要だと思ってます。**

　　また、官民での共創は、海外では積極的に行われています。デンマーク、韓国、台湾、シンガポールもそうですけど、デジタル先進国は積極的に推進しています。なぜ可能かというと、もともと、デジタル政府に関する取り組みの歴史が長いというのもありますが、**人材流動性が高くて、民間のデジタル分野で活躍していた人が行政に来たり、その逆もあったりするんですよ。**行政と民間の両方の経験を持った人が多いので、協業することのハードルが低い。民間企業から行政で活躍できる人を増やしていきながら、官民のノウハウが共有される仕組みをつくっていくことが大事だと感じます。

宮坂　なるほど、そうですね。たしかに行き来する人が増えると、お互いのプロトコルがわかるようになりますね。仕事がもう少し円滑になるかもしれませんね。

浅沼　行政では、成功事例を小さくつくっていくプロセスがうまくできてい

ない部分があるような気がします。大きいビジョンを掲げ、さまざまな関係者も巻き込んで取り組みを進めようとすると、「みんなが満足する完璧なもの」という話になってしまいがちです。もちろん、大きいビジョンは描きますが、どこから小さくスタートするのかという範囲の定義や期待値のすり合わせが官民連携では大事かなと思います。GovTech協会をつくっていくといったアプローチは大事ですね。民間企業といっても、大手・中堅のSIをやっている企業もあれば、中小企業も含むスタートアップ企業の方々もいる。それぞれの企業と**うまくコミュニケーション取りながら、「将来、国としてこういうことを考えているから、一緒にやっていきましょう」という合意形成を行わなければならない**。たとえば、調達改革ひとつとっても、事業規模や事業内容によって持っている要望や期待が違うので、これらをしっかり理解しながら、「どこから小さく改革を始めるのか」といった話をしていかなければならないと感じているところです。

宮坂　官と民の違いの1つには、時間軸の違いがあると思います。民間の会社が100年間存続する確率って0.03％らしいんです。存続するのは1万社のうち3社程度。今の巨大プラットフォーマーも、100年後はどうなるか誰にもわかりません。ところが、行政は絶対になくならない。国がある以上、行政サービスや基幹業務などは残りますが、民間企業はそこまでコミットできません。会社は、上場しても売り買いするのが基本ですし、買収されたり、合併したり、事業をやめたりというのもあり得る。**民間企業は事業をやめる自由がなければいけないですよね、株主のためにやっているわけですから。そこをどう折り合えばいいのか考えているところでして、内製化する領域は、そういう意味でいうと、増やさざるを得ないように思います。**特に、基幹部分は内製化しようという声もありますが、デジタル庁さんはどれくらいまで広げようとしているか、方針はありますか。

浅沼　その点はまさに今、議論を行っています。「どこまでIT人材を組織内で抱えるべきか」という話と直結するのと、どこまでが公共財でどこから

が民間の競争領域かの定義って、やりながらじゃないとなかなか見えてこない部分もあるので、そこを整理しはじめています。ただ、間違いなく言えるのは、年に何度かは迅速にデジタルサービスをつくらなければいけない機会がある、ということです。たとえば、災害時などの緊急対応を想定しています。災害ではないですが、マイナンバーの紐づけ誤りでは緊急対応が必要でした。そこで、紐づけ誤りをチェックするサービスを内部メンバーだけで数週間で開発して、自治体に利用してもらうアプローチをとりました。とにかく短期間ですぐに対応しなきゃいけないというとき、組織内部に開発能力があるかないかは、政府の政策実行能力や国民からの信頼度に大きく影響してくると思います。また、**行政の方々が、デジタルサービスの開発に関わる経験を持つことも重要です。法制度がどのようにデジタルサービス開発に反映されて、それがどのようにエンドユーザーに届き、その結果、エンドユーザーからどんなフィードバックがあるかという一連のサイクルを経験している人と、していない人で、法制度の作り方やアプローチが随分と変わってくる。内部に開発チームを持つ、サービスを開発を経験するということは絶対に必要だと思います。**

宮坂　そうですね。仮定ですが、将来、民間企業は行政向けサービスを作る事業を拡大するのだろうかということです。縮小していく国なので。デジタル化の官需って今は盛り上がっていますが、人口も減っちゃいますし、20年後、30年後に今よりもたくさんの才能が来てくれるんだろうかは課題ですね。今はたくさんの民間の方がいてくださいますけど、将来そうならないシナリオもある。伸びているときは、**新規参入の民間がどんどん入ってくるんですが、新規参入よりも事業撤退のほうが増える可能性もゼロじゃない環境に我々はいると思うと、備えは本当に大事なことです。**

浅沼　人も減る、働き手も減るなかで、日本の公共IT調達の市場は右肩上がりではないという前提だと思ってます。そのなかで、チャレンジしないといけないと思っているのは、**事業者のアップサイド、事業成長の機会を**

ちゃんとつくること。それこそ、東京都さんが進めているスタートアップの公共調達促進みたいなことは、そのアプローチの1つだと思ってます。デジタル庁では関係省庁と一緒に準公共領域において民間企業との連携を進めています。準公共分野の防災や医療などは、海外に事業展開できる可能性が非常に大きい分野です。民間の事業拡大につながる枠組みや事業者との共創の場をどうつくるかは、なるべく早く方針を固めたいですね。

宮坂　アップサイドの取り組みの1つで楽しみなのが、デジタル庁がやられている、デジタルマーケットプレイスです。**これまでは、地方のベンダーさんが、市町の取引で終わっていたものが、日本全体に広がる可能性がありますよね。すごい夢のある取り組みだな**と思います。ああいったかたちで、東京都の小さなベンダーさんが沖縄の仕事をできるチャンスも生まれますし、逆のことも起きるわけです。行政、公共分野のデジタル化にやりがいがあるのはわかりますが、儲かる要素がないと、才能が入ってこなくなっちゃうんで、**どうやって儲かる匂いをつくっていくのかというのはすごく大事だな**と思っています。その意味でデジタルマーケットプレイスは楽しみな取り組みなんですよね。

浅沼　デジタルマーケットプレイスはまさにこれからのサービスです。このサービスを確実に自治体や民間企業に浸透させなきゃいけないなと思っています。今まで行政のサービスづくりにおいて、個別でつくり込んでいたシステムは、**可能な限り民間のSaaSを使っていく方向にしっかり舵を切っていく。そうすれば、スタートアップも含めてSaaSを提供している企業が公共分野にも入りはじめる。すべての自治体で利用されれば、ある程度の市場規模は確保できると思うので、スタートアップや中小企業が、このサービスを利用することによって成長の1つのステップが踏める**ようになるといいと思ってます。中央省庁だと、現状では、各省個別に人事給与システムとか会計システムをつくり込んでいる状況です。今後は、デジタルマーケットプレイス上から民間SaaSを選定して利用する方向でしっかり

やりたいなと思っています。

国・都道府県・基礎自治体との連携・協業

浅沼　次の質問です。国・都道府県・基礎自治体が、今後どのようにデジタルの分野で連携していくかについて、お考えをお聞きできればと思います。

宮坂　**コンセプトは、「公共は1個」ということだと思いますよね。**構成する自治体とか、都道府県とか、プレーヤーはたくさんいてもいいと思うんですけど、ワンパブリックなんです。公共がいっぱいあるというのが変な感じですし、特にデジタル空間上はできるだけ1つの世界観でつくっていくことが大事だと思います。あと、「共同化」、「標準化」、「共通化」、これらは微妙に似た言葉ですが、最近、私も使い分けるよう意識しはじめました。**「共同化」というのは一番簡単だと思うんですよね。みんなで話し合って、ガイドラインを共有しましょうとか、ノウハウを共有しましょうとか。これは絶対やったほうがいいと思うんですよ。お金もあまりかからないですし、でも、リターンは無限大なんで、やるに越したことはないじゃないですか。**今まではそこもあまりできてなかったので、どんどん国と広域自治体とか、広域自治体と区市町村だとか、区市町村同士で、それぞれの成功事例や、失敗事例、ガイドライン、仕事の進め方、改革の仕方というのを共同の知恵にするといいと思います。

　また、「標準化」というのも少しずつ増えていけばいいと思います。マイナポータルは1個でいきましょう、といった「共通化」も大切です。だから、「共同化」・「標準化」・「共通化」の、どのやり方でやるかはともかく、1つのパブリックを作るために、あの手この手で、そのどこかにはめ込みにいくようなことをやらないといけないかなとは思っています。特に東京都の役割としては、区市町村の成功事例を隣の町に持っていけるようにするのも1つの役割だと考えています。また、国と区市町村の間にせっかくいるわけですから、この間の意思疎通をしっかり担うということが重要で

178

特 別 収 録

行政組織を経営するうえでの課題とアプローチ

す。広域自治体として、区市町村の横のつながりと、国と区市町村の縦の
つながりのよいつなぎ役を担うというのは、これからやらないといけない
なと思っていますね。

浅沼　デジタルの文脈で、将来にわたってどのように品質の高い行政サービ
　スを日本全国に行き渡らせるかがテーマかなとは思っています。1,700以
　上ある自治体ごとにバラバラでサービスを作っていくことが持続的かとい
　うと、それはやっぱり難しいですよね。それこそ基礎自治体の方々にヒア
　リングした調査結果を見ると、情シス担当は1〜3人しかいないところが
　多い。20万人以下の基礎自治体がこれからもずっと自分たちのシステムを
　自ら企画して開発してメンテナンスまでしてとなると、なかなか厳しいで
　すよね。

宮坂　それは思いますね。我々の親の世代までは生まれたところで死んでい
　くといったふうに、そんなに引っ越しをしませんでしたが、今はどんどん
　引っ越しするじゃないですか。今は二拠点生活の人もいるなど、どんどん
　移動している。そんなとき、行政デジタルサービスが地域によって変わる
　のはおかしいですもんね。前の町はデジタルでできたのに、今度はできな
　いとかは変な話ですよね。そのためにも、どこの自治体も**最低限のデジタ
　ル化は同じ水準でできていないといけないなと思います**。広域自治体とし
　ては、62区市町村が同じ水準でデジタル化できるように、調子の悪いとこ
　ろがあればサポートし、いいノウハウがあれば共有するとか、そういうこ
　とをやっていきたいです。**世の中の進歩って、結局、ボトムラインで決ま
　ると思うんですよ。いくら先頭が前に行っていても、最後尾の人の位置で
　デジタル化って決まる**じゃないですか。そう思うと、都の役割としては、
　62区市町村で人員が足りないとか、やり方がわからないと苦しんでいる
　ところが必ず出るはずなので、そのボトムラインをどう上げていくのかと
　いうことが大事な役割になりますね。

179

浅沼　行政の手続きは喜びとか楽しさを感じるものではないので、そこで微妙な差別化をすること自体に大きな価値はないと思ってます。利用者からすれば、全部同じでもストレスなく利用できればいいわけで、「むしろ手続きしなくてもいい」というところを目指すべきで、ある程度似たような機能のサービスは共通化したほうがいいのだろうなとは思います。デジタルのよさは同じものを低コストで普及できることなので、デジタルインフラを全国に広げようとする際に、都道府県や区市町村で別々に議論することは、効率的ではない気はしますね。

宮坂　そうですね。ただ、様式レベルまでいっちゃうと、区市町村ごとにいろいろなことを独自にやっているので、そこまでBPRをやり切って共通化するのは難しいかもしれません。この手続きはここではデジタル化だった、こっちに行ったら窓口しかない、そういった状況はちょっとまずいなと思うんですよね。最低限このプロセスはみんなデジタル化できるようにしようと決めて進めていく必要があると思います。デジタル庁がダッシュボードで施策の取り組み状況を可視化していますが、マイナンバーカード対応のデジタル化ができました、といったところまであのダッシュボードでたどり着くのが最初の一歩かなと思います。

浅沼　国、広域自治体、基礎自治体という垣根はとりあえず置いておいて、今後日本のインフラをどうつくっていくかを一緒に議論できるといいなと思います。

宮坂　デジタル庁から見て、「広域自治体がこういう役割を果たしてくれると助かる」のようなことは何かありますか？

浅沼　先ほどお話しいただきましたけど、基礎自治体をしっかりサポートしていただくことを、行政サービスのデジタル化を進める面でもやっていただけるとありがたいと思っています。すべての都道府県ができるかという

と難しい部分もあるので、そこも含めて、じゃあ、都道府県だからこうとか、基礎自治体はこうっていう紋切り型ではなく、「役割って何だろう」というところを一つひとつ丁寧に確認しながら、「ここの都道府県はこういう役割がいいよね」という話をしていかないといけないと思っていますね。

宮坂　デジタルというのは行政にとって新しいテクノロジーじゃないですか。だから、基礎自治体の役割、広域自治体の役割、国の役割があまり整理できていないままに、歴史的変化で進んでいる。デジタルの本質って中抜き現象ですからね。利用者と提供者が直結するのが本質なので。そういう意味では、広域自治体の役割をどういうところに見いだすのか、本当に考えなければと思っています。さっき申し上げたように、意見を集約するとか、サポートするとか、ノウハウを横に共有するとか、そういう役割はすごく大事かと思います。

今後の展望

浅沼　最後に、今後、注力したいことなどがありましたら教えてください。

宮坂　デジタル庁もそうですし、東京都のデジタル人材もそうですし、GovTech東京もそうですし、いろいろな区市町村に**公共分野のデジタル化をやりたいという志を持っている人が入ってきていますが、その人たちのためのキャリアの道をきちんとつくりたいなと思っています。それがないと、公共分野が安心して入れない業界になっちゃうじゃないですか。**民間やアカデミアの世界から行政のデジタル化に志を持ってきた人が、10年後、20年後にこういうキャリアがつくれるよという道は、ぜひつくってあげたいなと思います。そうすれば、**デジタルをやりたい、その力を公共分野で生かしたいという人が継続的に流入してきて、トータルで見たときに、公務員業界、公共デジタル業界の才能の量が増えていくじゃないですか。**

調子のいいときもあれば、悪いときもあると思うんですけど、大事なのは、才能の量が増えていること。才能の量が増えている業界って絶対伸びると思います。**この25年でインターネットがなんで伸びたかというと、圧倒的な才能を集めたから。結局、そこに尽きると思います。**行政だけじゃないので、あえて**パブリックセクターと言いますが、民間も含めたこのパブリックセクターのデジタル化を担当するところに流入する才能の量を増やすのが大事で、そのためには、このなかでキャリアの道をつくるというのが、実は今やらなければいけないことかなと思います。**

浅沼　そこは意識してやりたいなと思っています。省庁、都道府県、基礎自治体といった垣根をなくしていければ、その交流を通じて行政分野のデジタル化に貢献する才能の総量自体は大きくなっていくと思います。さらに、公共分野のデジタル化を支援する民間企業のほうも増えていけば、実は公共分野のデジタル化を支える才能の総量はもっと大きいものになると思います。デジタル庁としてもこうした民間企業や、民間出身の人材とのつながりをつくっていくことが役割としても重要かなと思います。

宮坂　そうですね。ぜひ期待しています。

浅沼　はい、ありがとうございます。

おわりに

　本書を書いている時点で私自身も15年以上中央官庁に勤めてきたことになる。入省した2008年にはリーマンショックが起こり、経済対策や、法人税率の引き下げなどに関わる業務に従事し、2011年の東日本大震災では内閣官房で電力需給対策や2030年のエネルギー構成取りまとめに関する業務、2020年からのコロナ禍では接触確認アプリやワクチン接種記録システムに関わる業務など、大きな社会的なイベントにおける課題解決の一部に携わってきた。こうした対応に携わりながら、組織として保有する能力が、課題を解決するうえでいかに大きい意味を持つか実感してきた。

　組織に十分な能力を持つ職員が不足している場合、その能力を持つ職員に業務が集中し、場合によっては職員がそれに耐えられなくなってしまう状況が生じる。また、能力が高く優秀な職員も、組織内のルールや非合理な業務により、本質的な課題にアプローチすることが難しくなる。なぜこうしたことが起こるのか。それは組織の経営システムに課題があるということを内部の職員がこれまで声を上げず見過ごし、どうあるべきかを正面から議論してこなかったからではないだろうか。だからこそ問題意識を持つ組織内部にいる職員こそが声を上げ、経営システム改革を進めるべきであると考える。

　前著『行政をハックしよう』では、行政組織が利用者中心のサービスの提供を中心においてデジタル技術をいかに行政組織が取り入れていくべきかを著述したものであったが、もう一段思考を進めれば、そうした行政サービスが継続的に提供されるためにはそのサービスを提供する主体である行政組織自身がその能力を持っていなければならないということに改めて強い思いを持ったことから、本書を執筆するに至った。

　本書を書くうえでデジタル庁での経験は自分にとって大きな契機で

183

あったし、実際に行政組織の経営システムを変革できる可能性があるのではないかという予感を抱くことができた。引き続き批判もあるところだが、確実に少しずつ国民の皆様に対してもポジティブに捉えてもらえるサービスの提供が進んでいる。過去の霞が関の行政組織とデジタル庁の大きな違いは、その半分近くが民間からのエキスパート人材で占められていることだ。初期のデジタル庁の混乱はそのことによりもたらされたものではあるが、組織経営システムが確立し、行政官とエキスパート人材の協力体制が構築できれば、よりよいパフォーマンスが発揮できるはずである。これをひとつの行政組織の例外に終わらせず、組織の根幹を支える人材が流出する霞が関、自治体および多くのパブリックセクターの組織の新しいモデルの参考とすることができれば、行政全体が変革するのではないかと考える。もっと言えば、行政がその経営システム改革を実現できたなら、それはどんな組織にとっても実現できるという1つのモデルになり得るのではないかと思う。

　現在の行政組織は、短期的な対応に終始して中長期的に何が必要なのかを考える視座が失われてしまい、その結果として国家がどうあるべきかを本当に考えている人が少なくなってしまっているのではないか。国家とは何のためにあり、行政とはどのような機能を社会に提供すべきなのか。特定の社会的課題を考え、その解決にあたる企業や非営利団体は増えても、我々が国家と呼んでいるものは、我々の生活にとって何なのかということはあまり問われなくなっている気がする。

　かつての日本の高度成長は、10年、20年先の日本がどうあるべきかといった視点から解像度を高めてそこに至るまでのステップを描く行政官や起業家がいたから、実現したのだろう。そうしたことを考える余白を、社会として持ちづらくなっている。その理由は業務が複雑になり、その見直しやIT投資が進んでいない結果として、本来やらなくてもよいような作業を引き続き人間が行っているからである。そのことが最も顕

著な例として挙げられるのが政府・自治体である。行政組織の経営システム改革を通じて、再び行政職員が中長期的な視座のなかでこの国や地域のことを考えられるようになり、多様なステークホルダーと対話しながら政策を考え、実行できるようになれば、よい社会を実現できるのではないか。

　組織とは人間の労働力の足し算ではなく、能力の掛け算を通じてパフォーマンスを級数的に増幅するための仕組みである。これを少しずつでもいいので改善することができれば、その効果は非常に大きくなる。本書で書いたことのすべてが一度に実現することは困難かもしれない。公務員の皆様のなかで、自分の周りからでもいいので、本書に書かれた経営システム改革の一部でも取り組みを進める人が増加すれば、それは社会にとって大きな意味を持つはずだ。組織を改革しようと思う人々が立ち上がり、新しい動きをつくることができれば、行政の変革、さらには社会の変革につながる。そのような思いを持つ人が本書を通じて１人でも増えてくれればうれしい。

　現在、行政組織は、その業務の煩雑さなどから就職先としても避けられる傾向にある。しかし、それは大きく改善の余地があるということでもある。逆張りの論理で言えば、課題解決のフロンティアがあるのだ。今の行政組織の当たり前を壊していくことができれば、社会変革の一端を自分が担える可能性がある。こうした意味では今関わっていない人もパブリックセクターにぜひ積極的に関与してみてほしい。

　本書では浅沼さんや宮坂さんといった民間企業から行政組織に転身した方々の組織経営に関する考え方も収録させていただいた。国・自治体それぞれの立場で外部から行政組織の経営の中枢に入った際にどんな課題に直面し、何を行ったのか非常に示唆に富む内容となっている。おふたりにはご協力いただいたことに深く感謝を申し上げる。行政組織の皆様には国・自治体にかかわらず、行政組織の経営のあり方を考えるうえ

でぜひ参考にしていただきたい。

　失われた30年を嘆くのは傍観者の視点である。その状況を変えたいと思うなら、自ら立ち上がり、行政に身を投げ込んでみてはどうだろうか。本書を読んださまざまなバックグラウンドの方々が行政組織に雪崩れ込み、新しい行政と日本社会の進歩の実現がなされることを願ってやまない。

　本書の執筆に当たってご協力いただいた浅沼さん、宮坂さんにはあらためてお礼を申し上げたい。瀧島勇樹さんには丁寧なフィードバックをいただいたことにも感謝申し上げる。

　また、デジタル庁設立時から今に至るまでさまざまな場面で苦労を共にしてきた職員の皆様にも感謝の意を表したい。民間企業からの転職というかたちでその設立に参画し、今は活躍の場を変えている方や、行政官で既に出向元の省庁に戻られている方も多いが、皆様の存在なしには本書の執筆はなかった。

参考文献・理解をより深めるためのブックリスト

明治から戦後までの官僚制

『近代日本の官僚　維新官僚から学歴エリートへ』清水唯一朗　中公新書　2013 年

戦中から戦後の官僚制

『官僚の研究　日本を創った不滅の集団』秦郁彦　講談社学術文庫　2022 年

『日本の行政　活動型官僚制の変貌』村松岐夫　中公新書　1994 年

戦後官僚制

『新版 日本官僚制の研究』辻清明　東京大学出版会　1995 年

『復刻版 日本列島改造論』田中角榮　日刊工業新聞社　2023 年

行政改革

『行政の経営改革　管理から経営へ』上山信一　第一法規　2002 年

『先見的ガバナンスの政策学　未来洞察による公共政策イノベーション』
ピレト・トヌリスト／アンジェラ・ハンソン 著、経済協力開発機構（OECD）編、白川展之 訳　明石書店　2023 年

現代官僚制

『現代官僚制の解剖　意識調査から見た省庁再編 20 年後の行政』北村亘 編　有斐閣　2022 年

経営組織論

『HIGH OUTPUT MANAGEMENT 人を育て、成果を最大にするマネジメント』
アンドリュー・S・グローブ 著、小林薫 翻訳　日経BP　2017 年

『カルチャーモデル 最高の組織文化のつくり方』
唐澤俊輔　ディスカヴァー・トゥエンティワン　2020 年

『NO RULES　世界一「自由」な会社、NETFLIX』
リード・ヘイスティングス／エリン・メイヤー 著、土方奈美 訳　日経BP　2020 年

『アマゾンの最強の働き方　Working Backwards』
コリン・ブライアー／ビル・カー 著、紣川謙 監訳、須川綾子 訳　ダイヤモンド社　2022 年

『遠くへ行きたければ、みんなで行け　「ビジネス」「ブランド」「チーム」を変革するコミュニティの原則』
ジョノ・ベーコン 著、山形浩生 監訳、高須正和 訳、関治之 解説　技術評論社　2022 年

『CHANGE　組織はなぜ変われないのか』
ジョン・P・コッター／バネッサ・アクタル／ガウラブ・グプタ 著、池村千秋 訳　ダイヤモンド社　2022 年

『マッキンゼー　勝ち続ける組織の 10 の法則』
スコット・ケラー／メアリー・ミーニー 著、マッキンゼー・アンド・カンパニー 監訳　日経BP　2022 年

『デジタルトランスフォーメーション・ジャーニー
組織のデジタル化から、分断を乗り越えて組織変革にたどりつくまで』
市谷聡啓　翔泳社　2022年

『理念経営2.0　会社の「理想と戦略」をつなぐ7つのステップ』
佐宗邦威　ダイヤモンド社　2023年

その他 ....

『実験の民主主義　トクヴィルの思想からデジタル、ファンダムへ』
宇野重規 著、若林 恵 聞き手　中公新書　2023年

『「変化を嫌う人」を動かす　魅力的な提案が受け入れられない4つの理由』
ロレン・ノードグレン／デイヴィッド・ションタル 著、船木 謙一 監訳、川崎千歳 訳　草思社　2023年

『ブルシット・ジョブ　クソどうでもいい仕事の理論』
デヴィッド・グレーバー 著、酒井隆史／芳賀達彦／森田和樹 訳　岩波書店　2020年

『失敗の科学』マシュー・サイド 著、有枝 春 訳　ディスカヴァー・トゥエンティワン　2016年

著者略歴

吉田泰己 （よしだ・ひろき）
内閣官房 デジタル行財政改革事務局
兼 デジタル庁 企画官

1983年、福岡県生まれ。東京大学公共政策大学院修了後、2008年経済産業省入省。法人税制、地球温暖化対策、エネルギー政策等を担当し、情報プロジェクト室長を経て、2021年9月よりデジタル庁企画官。2023年9月より内閣官房デジタル行財政改革事務局兼務。シンガポール国立大学で経営学修士（MBA）、リー・クワンユー公共政策大学院で公共経営学修士を取得、ハーバードケネディスクールにフェローとして在籍等で、各国のデジタルガバメントの取り組みについて学ぶ。著書に『行政をハックしよう ユーザー中心の行政デジタルサービスを目指して』（ぎょうせい）。

行政組織をアップデートしよう
～時代にあった政策を届けるために～

令和6年10月7日　第1刷発行

編　著　吉田　泰己

発　行　株式会社ぎょうせい

〒136-8575　東京都江東区新木場1-18-11
URL：https://gyosei.jp

フリーコール　0120-953-431

ぎょうせい　お問い合わせ　検索　https://gyosei.jp/inquiry/

〈検印省略〉

印刷　ぎょうせいデジタル株式会社　　　　　　©2024　Printed in Japan
※乱丁・落丁本はお取り替えいたします。

ISBN978-4-324-11381-3
(5108932-00-000)
〔略号：行政アップ〕